达尔文传

[丹] 汉娜·斯特拉格（Hanne Strager）——著

A Modest Genius

岱冈——译

查尔斯·达尔文

艾略特和弗莱 摄

中信出版集团 | 北京

图书在版编目（CIP）数据

达尔文传 / (丹) 汉娜 · 斯特拉格著 ; 岱冈译 . --
北京 : 中信出版社 , 2020.11
书名原文 : A Modest Genius
ISBN 978-7-5217-1509-5

Ⅰ . ①达… Ⅱ . ①汉… ②岱… Ⅲ . ①达尔文 (
Darwin, Charles 1809-1882) —传记 Ⅳ . ① K835.616.15

中国版本图书馆 CIP 数据核字 (2020) 第 025660 号

达尔文传

著　　者：［丹］汉娜 · 斯特拉格
译　　者：岱冈
出版发行：中信出版集团股份有限公司
（北京市朝阳区惠新东街甲 4 号富盛大厦 2 座　邮编　100029）
承 印 者：北京利丰雅高长城印刷有限公司

开　　本：880mm × 1230mm　1/32　　印　　张：10.5　　字　　数：225 千字
版　　次：2020 年 11 月第 1 版　　印　　次：2020 年 11 月第 1 次印刷
京权图字：01-2019-7311
书　　号：ISBN 978-7-5217-1509-5
定　　价：79.00 元

查尔斯·达尔文

艾略特和弗莱摄。

达尔文传

目 录

推荐序 · I

前言 · XIII

001 · 第 1 章 走向成熟的年轻人

019 · 第 2 章 打开未来之门的钥匙

039 · 第 3 章 神秘的骸骨

063 · 第 4 章 群岛新发现

085 · 第 5 章 相似却又迥异

105 · 第 6 章
聊胜于狗

127 · 第 7 章
生命法则

151 · 第 8 章
公之于世

179 · 第 9 章
旷世杰作

205 · 第 10 章
缺失的链环

225 · 第 11 章
最后一块拼图

245 · 第 12 章
从兰花到虎鲸

265 · 第 13 章
进化与宗教

289 · 致谢

293 · 注释

311 · 图片来源

推荐序

谦逊又矛盾的天才

刘锐
理学博士，中国科学技术大学特任副研究员

19 世纪 80 年代，有两位生物学史上的重要科学家与世长辞。他们分别是进化论思想的集大成者达尔文（1809—1882）和遗传学的奠基者孟德尔（1822—1884）。两人贡献相似但境遇不同。作为生物学分支学科的奠基人，他们均是带着深深的遗憾离开人间的。达尔文的苦恼是，伴随着进化思想的深入人心，他遇到了很多难以解释的问题，甚至他后来不得不采用让 - 巴蒂斯特 · 拉马克的错误理论来对其进行修正。孟德尔苦恼的是他的遗传“分离定律”和“自由组合定律”始终得不到社会的认可。也许在他的那个时代，一个思想超前的学者注定是孤独的！

达尔文出生于名门世家，祖父是一位赫赫有名的医生和博物学家，父亲继承了祖父的衣钵成了一名医生，母亲也是科学团体的成员，这简直就是一个“开挂”的亲友团。但这样优良的学习氛围并没有让达尔文对科学产生浓厚的兴趣，在其他人的眼里，他反而被看成一个不学无术的纨绔子弟。

达尔文一直对学习提不起兴趣，整天浑浑噩噩地过着日子。他的父亲看在眼里，急在心里，这样下去，可能家族中优良的学术基因的传承就会在达尔文这里中断。（现在看来，这真是杞人忧天。）达尔文的父亲便开始四处给他联系一些外出的科学活动，希望通过多样的活动来提高他的学习兴趣，同时能够对他的性格产生一定的影响。

1831 年，达尔文已经 22 岁，他迎来了自己生命中的重要转折点。在多方努力下，他以博物学家的身份登上了“贝格尔号”，开始了长达五年的南美东海岸科考和地图绘制工作。在实际的工作中，达尔文搜集到大量的实物资料。在别人休息时，他也没闲着，开始阅读拉马克和查尔斯·莱尔的著作。进化论先驱们关于物种进化的思想逐步占据了他的头脑。达尔文开始尝试利用自己环球旅行的优势，用自己搜集到的例证去验证这个尚处于雏形的假说，同时他也在思考，是否可以利用手头的资料建立全新的进化理论呢？

当时社会上被广泛认可的物种起源理论是教会宣扬的神创论。面对已经传播了很久的无人对其质疑的神创论，事实就是回击它的最好的武器，而达尔文已经做好战斗前的准备。

神创论认为，“每一个物种都是由上帝亲自创造出来的”。达尔文在厄瓜多尔西岸的加拉帕戈斯群岛发现了大量的海龟和地雀。

这些海龟和地雀与同类常见物种存在或多或少的区别。比如，这些地雀在体形、颜色、食性、鸟喙上都有着与同类不同的特色。这用神创论是无论如何都解释不通的——上帝怎么会有时间创造出这么多有着各自特色而又属于同一类别的生物呢?

唯一一种解释是，生物是逐步进化而来的!

对达尔文产生深深触动的还有各种自然形态的变化，例如他在智利安第斯山海拔 3 657 米的高处发现了大量海蛤类化石，这就验证了现在的山地原先是海底，说明自然界也是在逐步变化的，更加印证了沧海桑田的变迁，变相证明了莱尔的地质渐变学说的正确性。通过发现这些化石，达尔文已经对神创论充满了怀疑，并更加坚信进化论的观点。

科考回来后，达尔文开始着手写作，将自己关于物种进化的观点和考察途中遇到的物证资料结合在一起，用事实论证自己的思想。1859 年 11 月 24 日，他出版了划时代的巨著——《物种起源》。在《物种起源》中，他用大量翔实的证据论证了物种是渐变的观点，也证明了生物是在不断进化的。达尔文认为，自然界可以在相对较长的时间里，通过选择，挑出与自然环境相适应的物种。这也就是我们常说的“物竞天择，适者生存”。

随后，作为进化论传播的“三驾马车”，达尔文、恩斯特·海克尔与托马斯·赫胥黎组成了进化论最忠实的拥趸!

1859 年进化论代表作《物种起源》发表后，它并不像我们所想象的那样，在整个欧洲大陆掀起一股进化论的热潮。相反，《物种起源》在德国等国家遭遇了“冷空气”，没有获得预期的关注度。

达尔文非常焦急！这时候，他遇到了海克尔。海克尔是 19 世纪末德国著名的生物学家、博物学家、哲学家。

1866 年，达尔文和海克尔第一次见面。当时海克尔才 32 岁，是一个不折不扣的毛头小伙；而达尔文 57 岁，在学术界已经有一定的声望。达尔文和海克尔一见如故，在谈论到如何能够快速使进化论传播开时，海克尔感觉这样仅仅用文字来表述这种深奥的观点很难直观地打动别人，不如图画来得更直接。

海克尔承担了这一将文字转化为图画的重任。他的绘画非常精美，细节之处表现得栩栩如生。不同于其他的平面绘画，海克尔从多个角度绘制了这些图画，这些图画完全可以媲美我们现今的三维视图。1866 年，海克尔在《生物体普通形态学》中继续老师盖根·鲍尔把生物物种分类为进化系列的工作，运用形态学和生物学知识，大胆绘制出第一棵“进化树”。他根据生物体间的亲缘远近，把各类生物安置在有分支的树状图当中，以植物界、原生生物界、动物界划分了所有生物的“谱系”，据此说明不同属和种的遗传路线。但是达尔文既因海克尔在进化论普及方面所做的巨大贡献而感到高兴，又对海克尔在学术上的冒进表示出隐隐的担忧。

1866 年，海克尔赴英国会见了达尔文、赫胥黎和莱伊尔。尽管他们讨论了《生物体普通形态学》英文版的出版事宜，却未能达成一致。直到 1868 年，达尔文在致海克尔的信件中，还含蓄地表达了对《生物体普通形态学》的看法：

为了您那本伟大的著作将有英文版出版向您祝贺……这个消

息令我感到由衷喜悦……赫胥黎告诉我说，您同意删去和压缩某些部分，我深信这样做是高明的……我确实相信，每本书在压缩以后几乎都可以得到改进。

您的大胆有时令我发抖，但是正如赫胥黎所说，一个人必须有足够的胆量才行。虽然您完全承认地质记录是不完整的，但赫胥黎和我还是一致认为，有时您是颇为轻率的。

进化论的提出无疑是科学史上的一个举足轻重的事件，但是伴随着进化论的逐步深入人心，达尔文也遇到了大量的无法解决的难题。

第一个难题是物理学家开尔文提出的关于地球年龄的测算。根据热力学之父开尔文从热力学角度进行的计算，地球的年龄只有 1 000 万年。这样的时间长度对于进化学说来说无疑是杯水车薪，物种很难用这么短的时间去完成自然选择。面对这样的质疑，达尔文根本无法做出解释。

第二个难题来自工程学教授弗莱明·詹金。他提出，新的、小的变异都会在与个体的正常交配中被完全淹没。也就是说，自然选择产生的微小变异都会在大量个体的交配中被忽视。换句话说，父母一辈辛苦积累的优势，可能在子孙辈身上无法体现出来，父母之前辛苦积累的变化可能在自己的下一代中被完全忽视了。

面对这两个问题，达尔文根本无法提出令人信服的回应，这也使得他陷入深深的痛苦与迷茫之中。

其实疑问是促使科学不断进步与发展的最有效的催化剂。现在我们再回首，去仔细琢磨这两个问题，已然觉得这不是困惑。比如第一个难题——用热力学的方法计算地球年龄，当时的开尔文勋爵忽略了地球内部的热量，所以他计算出的地球年龄远远小于地球的实际年龄。第二个问题，即变异在正常的交配中被淹没的问题，其实更有意思，这需要用孟德尔的遗传学理论才能够做出详细的解释。作为同一时代的伟大科学家，达尔文和孟德尔本能够碰撞出科学思想的火花，甚至达尔文曾经有机会阅读到能解开他心结的孟德尔的遗传学论文，但是这一切又恰巧错过了，可以说“无遗憾不历史”！

除此之外，达尔文还有很多想尝试去解答，但是依旧解释不了的问题。比如我们经常提到的寒武纪物种大爆发事件。

按照地质年代单位，我们可以将地球的发展时期划分为宙、代、纪、世、期、亚期。其中显生宙里的古生代从老至新可以分为6个纪，分别是寒武纪、奥陶纪、志留纪、泥盆纪、石炭纪和二叠纪。其中寒武纪距今5.41亿年至4.854亿年。在寒武纪初期，地球上突然出现了物种爆发式的增长。苏格兰地质学家罗德里克·麦奇生发现，海洋第一次生命物质的增加并不是逐渐相继地增加更复杂的生命形式，相反，多数主要的生物类群都是在大约6亿年前的寒武纪初期产生的。寒武纪的最初1 000万年到2 000万年，生物突发性增加。罗彻斯特大学的古生物学家塞普科斯基认为这是一种爆发性的S形曲线增长模式。

如果按照达尔文的物种进化理论，所有的物种应该是按照进化的顺序循序渐进地发展的，那么为什么物种在寒武纪初期会出现爆发式增长呢，这对进化学说来说是一个赤裸裸的打击。

考古学发现的事实更倾向于支持物种是突然间爆发产生的，而不是按照进化理论所说的是逐步诞生的。而且绝大多数的物种在之前的岩石地层中都没有相对应的化石出现，说明物种的诞生是有一定突发性的。因为按照进化理论，之前一定会存在很多物种演化的过程，因此化石中会保存不同历史时期的证据，但遗憾的是，在各种地层中，人们一直找不到对应的化石。达尔文对此的解释是：基于技术手段的原因，我们还没有找到相应的化石证据，但是这并不代表这种化石不存在，它可能存在于更加古老的地层中，只是我们没有挖掘到罢了。

这种说法显得很苍白，没有说服力。直至今天，也没有多少实证能支持达尔文的解释，人们很少能在寒武纪之前的地层中发现生物化石。

那么对于这个问题，我们究竟该如何解释呢？

美国学者 S. J. 古尔德在其著作《自达尔文以来进化论的真相和生命的奇迹》中写道，S 形模式发生在开放、无限制的系统中，前寒武纪的海洋形成了满足这种“空旷”的生态系统，那里的食物充足，空间足够，没有竞争。而且原核生物的祖先不仅提供了直接的食物，还通过光合作用使大气中有了氧气。

总结起来就是：第一，经过长时间的累积，在原始的大气中已经有了一定数量的适合生物生存的氧气，氧气可以让原始的生命开始孕育新生命，因为氧气是生物生存所必需的条件；第二，在原始的海洋中，原始藻类的大量繁殖，让生物有了更多更适合的食物。

只有有了这两个条件，寒武纪生物物种的大爆发才成为可能。

同时，在仔细观察了三叶虫的复眼后，麦奇生对生命在出现之初就已经将自身设计得如此完善精妙而感慨不已，他赞叹道："上帝创生的第一条命令出现时，无疑保证了那群生物能完美适应周遭的环境。"他认为："眼睛具有不能模仿的装置，可以对不同距离调节其焦点，容纳不同量的光和校正球面的和色彩的像差和色差，如果假定眼睛能由自然选择而形成，我坦白承认，这种说法好像是极其荒谬的。"麦奇生认为，这种复杂的眼睛不可能通过进化得到，只有上帝能够创造它。

除了上面所说的问题，社会上还存在多方面的质疑。例如，从灭绝时期地层的恐龙化石来看，为何物种灭绝时间跨度长达万年乃至几十万年？难道说这种地质性的灾难不是瞬间发生的吗？为何小型的物种依然存在，例如几个科的大型鳄类遭到灭绝，而多个科的小型鳄鱼都生存了下来？……关于诸如此类的问题，达尔文都没法儿一一诠释。这也导致达尔文最终带着遗憾离开了人世，但是这些悬而未决的难题给后人的研究指明了方向，让后人可以一步步地完善进化论的思想。

在达尔文晚年，进化论的思想已经完全被民众接受。大家也尝试学着摒弃原来的神创论，开始接受"物竞天择、适者生存"的进化学说。但是随着时间的推移，达尔文提出的进化论受到了来自多方的挑战。

首先对达尔文进化论学说发起挑战的是综合进化学说。它从三个方面对达尔文进化论不完善的地方进行了系统的修正。综合进化学说最大的特点是融合了孟德尔的遗传学理论，解释了达尔文时代人们无法解释的可以遗传或者是不可以遗传的问题。另外，它从基因的角度，深入地解释了为什么有的性状可以传递给子代，而有些性状就无法遗传。它还对达尔文常常使用的错误观念——获得性遗传，表示了批判。

另外，达尔文认为个体是进化的主体，但是综合进化学说认为种群才是进化的主体。个体的数量太小，不能保证其可以将性状稳定地遗传下去，但是种群的大数量就可以起到稳定遗传的作用。

可以看出，综合进化学说的发展，基本上是结合了孟德尔的经典遗传学与摩尔根的遗传理论。没有遗传学的发展，就很难从本质上解释生物进化的原理与规则，更无法让我们理解大自然冥冥之中存在的掌控之手。

进入 20 世纪中叶，进化论一直不温不火地发展完善着，也没有遭遇极大的挑战。1953 年，伴随着沃森和克里克发现了 DNA（脱氧核糖核酸）双螺旋结构，人类跨入分子生物学时代。这促使我们重新去审视之前的各种研究，进化论也不例外。科学工作者尝试着从分子进化的角度对进化论重新进行解读。

1968 年，日本生物学家木村资生提出了进化的中性理论，这对进化论来说是一项近乎颠覆性的挑战。木村资生 1924 年 11 月 13 日生于日本爱知县冈崎的一个小商人家庭，木村资生是家中的长子，父亲给他买了一台显微镜，从此，观察显微镜下的大千世界成为他每天的功课。他对植物学和数学尤为喜爱。1942 年，木村资生考入名古屋第八高等学校，他的指导老师是植物形态学教授熊泽正夫。木村资生听了大量关于遗传学的课程，还读了一些希腊哲学家们关于自然哲学的著作，全盘接受了“自然现象可以通过纯思维加以描述”的哲学观点。

木村资生在从氨基酸替换速率开始推算哺乳动物基因组的碱基替换速率时，惊奇地发现，哺乳动物基因组的碱基替换大约每两年发生一次；而霍尔丹根据自然选择代价概念得出，每发生一次突变替换约需 300 个世代。两者相差上百倍，因此木村资生需要为此找到一种合理的解释。

他依据核苷酸和氨基酸的置换速率，提出了分子进化的中性选择学说：多数或者绝大多数突变都是中性的，无所谓有利或者不利，因此这些中性突变不会发生自然选择和适者生存的情况。生物的进化主要是中性突变在自然群体中进行随机的遗传漂变的结果，而与选择无关。这一学说的提出对达尔文的进化论来说无疑是一次颠覆性的冲击。

现在，中性突变学说已经基本得到学术界的认可，包括同义突变、非功能性突变、不改变功能的突变。这些突变并不受自然界的选择，因此对物种的进化没有太大的影响，真正起作用的叫作“遗传漂变”。简单地说，遗传漂变就是一部分小群体从一个大的种群中分离出来，同时它们之间并不发生生殖关系。也就是说，如果两个种群处于生殖隔离的状态，那么遗传漂变就有可能发生。在自然界中，中性突变的概念也是在不断发展变化的。可以说，突变在绝大多数情况下是中性的，但是伴随着环境的改变，有些中性的突变也有可能发展成有害突变，突变的本质就因此发生了改变，就会对生物的进化和选择产生深远的影响。从这个角度来看，中性突变学说也可以被看成生物进化论的有力补充。

客观上说，由于生物的进化来源于突变，而很多突变都是中性的，所以用“生物进化”这个短语就显得不那么确切，用“生物演化”可能更加准确。同时，我们从词语的意思上也能够看出，生物进化有一定的从低层次向高层次逐步发展的意味，但是根据木村资生的中性突变学说可以得出，物种的变异无所谓好坏，因此用一个更加中性的词语“演化”来代替，会显得更切合实际。

除了中性突变学说的挑战，来自化石方面的证据对达尔文进化论提出了更加严峻的挑战。令人费解的是，化石中的链条大多的确是缺失的。最典型的例子来自始祖鸟。我们可以看出，始祖鸟既有鸟类的特征，又有爬行动物的特征。这个事实可以用来佐证鸟类也许来自爬行动物，但是在始祖鸟和爬行动物之间，以及始祖鸟与鸟类之间，人们并未发现任何中间形态的生物化石，这让坚定的渐变论支持者的心底似乎也开始动摇，这些问题从化石的角度是无法得到完美答案的。那么物种究竟会不会有跳跃式的发展变化呢?

现实中有很多能够佐证物种可以发生跳跃式变化的例子。从物种的数量上来看，现存的物种只有原先物种总数的千分之一到十万分之一，绝大多数的物种都已经灭亡。比如我们耳熟能详的恐龙的灭绝，在二叠纪的一次物种大灭绝中，有超过半数的恐龙都灭亡了。因此物种的灭绝可以看成对渐变论的一种有力的驳斥。这种灭亡的状态完全是突变式的，类似于之前乔治·居维叶的灾变论，没有任何的铺垫就突然发生了。似乎转了一圈又回到了原点……

作为进化论思想发展史上的集大成者，达尔文无疑是幸运的。他在观察、思考的基础上利用搜集到的翔实证据，综合前人的观点，发表了让全社会石破天惊的著作——《物种起源》，在神学笼罩的乌云中撕开一道裂口，让进化和理性的阳光四散开来，这一巨大的成就是任何人都无法替代的。也许他的理论并不完善，存在着大量在当时根本无法解释的难题，但是这些都不能阻碍他成为一名进化论发展道路上当之无愧的智者。他很自谦，也很矛盾，但是他用自己的思想在当时的社会撒下一颗理性的种子，让它生根发芽，客观上促进了我们从理性的角度去思考物种的进化与人类的起源。让我们用这本《达尔文传》来纪念这位伟人的卓越功勋！

前言

尽情享受大自然的奇妙，永不停止发问

这一天过得开心极啦。然而，说“开心极啦”却还难以形容那飞涌而来的万千欢愉。我独自一人在巴西的森林中悠然漫步……寂静与嘈杂以一种奇异的形式交织在一起，在树影婆娑的林间弥散开来。昆虫发出的聒噪之声很响，一到晚上，就连停泊在离岸边几百码[①]远的船上的人也能听到。然而，在森林的深处，当你置身其中，周遭的一切似乎处于静止状态。对于一个热爱自然历史的人来说，像这样的一天，带给他的那种强烈的身心感受，或许以后再也无法经历了。[1]

经常有人问我，假如达尔文今天还活着，以我之见，他最感

① 1码约为0.91米。——编者注

兴趣的会是什么？我敢肯定，当他听闻人们发现了DNA的消息，他一定会欣喜若狂。因为作为遗传机制，DNA无疑会力挺他的进化论。我认为，达尔文还会狂热地支持保护大自然。当然，他不会把自己用铁链拴在推土机上，也不会搬到树上去住，毕竟他是一个谦逊且私底下很含蓄的人。但我知道，达尔文一定会像他在19世纪时所做的那样，继续向尽可能多的受众讲解自然界的奇迹。

达尔文的《物种起源》是为广大的普通读者写的，并非针对专业读者。当时这本书甚至在火车站都能买到，而且出版当天就一举售罄。如今，在许多人的家里，你都有可能在书架上找到这本书，只不过它上面或许落满了灰尘，而且也不像出版之初那样会有那么多的人争相传阅。汉娜·斯特拉格写的这本绝妙的书，给我们展示了达尔文奋斗的一生，将达尔文私人生活的逸闻趣事及他的各种发明，同当今科学和自然保护的最新发展交织在一起，读来引人入胜。《达尔文传》对观照达尔文的事业提供了一个当代的视角，有助于我们了解自己在这个星球上的位置。

达尔文意识到人类是动物王国的一部分，并提出所有生物都有同一起源的观点，而这也得到了当今科学研究的支持。今天，我们应当把人类是大自然的一部分的观点，看作达尔文曾提出的那些更为重要的观点之一。我认为，我们需要改变对人与自然关系的理解，必须紧急调整我们的行为，这样我们才能与自然同生共存。

2009年，我有幸参与了一次探险活动。从某种程度上来说，这次探险让我比以前更接近达尔文。我们搭乘荷兰“阿姆斯特丹城号”快速帆船，沿着 19 世纪 30 年代达尔文乘坐英国皇家军舰“贝格尔号”的航线航行。该项目出自汉斯·费尔斯的创意，并由荷兰电视公司 VPRO 组织实施。我们环游世界，去了达尔文 180 多年前到过的许多地方，包括佛得角群岛、火地岛，当然还有加拉帕戈斯群岛。我们制作了总共 35 集的电视系列片《物种的未来》。在巴西，那个达尔文曾以他那典型的低调方式（参见上述引文）对其热带雨林经历大加夸赞的地方，在整个拍片的过程中，我的心里萦绕着两个令人不安的问题：人类是否越来越脱离大自然了？果真如此，那这对于大自然和人类来说是否很重要呢？

我们稍微研究一下文献就会发现一些答案。显然，人类与大自然的联系越来越少了。我们的孩子比我们小时候花在大自然上的时间要少，而我们也相应地比我们的父母花在大自然上的时间要少。这对于我们和大自然来说，都是很悲哀的。我们人类整体的生存需要大自然，而我们每个人也需要大自然，因为它使我们更快乐、更健康。此外，研究表明，肯花时间亲近自然的人更愿意参与保护生物多样性。

所以对我来说，达尔文带给我们的最重要的洞见之一，就是所有生物都是相互依存的，橡树、红毛猩猩、海洋中的鱿鱼和雨林中的兰花都拥有一个共同的祖先。当然，这所有的生物中也包括我们人类。我们也只是生命之树上的一根枝条，我们与地球上其他生物拥有共同的祖先。照理来说，这一知识将使我们有更强烈的意愿同自然加强联系，甚至使我们对与我们同生共处的其他生物抱有责任感。但现实显然并非如此。

人们通常认为，要体验大自然，就得到遥远的热带雨林去。但其实，大自然就在你我身边，就在我们的公园、花圃和当地的自然保护区里。事实上，在加入“贝格尔号”的团队之前，达尔文就对英国当地的生物多样性了如指掌。他花了相当多的时间研究地质学知识和他家周围的动植物。这方面的渊深知识，一定有助于他认识到，他在巴西雨林或加拉帕戈斯群岛所看到的一切，与他在英国国内所经历的截然不同。这一点，对他掌握我们今天所说的广博的生物多样性的知识必定大有助益。

例如，今年春天，为了创建柏林地区夜莺种群分布的声音地图，我和两位从事夜莺研究的科学家一起创建了 www.nightingale.berlin 网站。在这里，民间科学家会用智能手机对当地的夜莺进行录音，他们可以将这些声音文件添加到城市的地图上。这个项目不仅让我们有机会与当地的四季变化建立联系，以及在我们之间建立起联系，也让我们有机会与这种非凡的小鸟一起庆祝春天的到来。了解我们本地的自然，可以带给我们一种恰如其分的归属感。

在结束了五年的航行后，达尔文再也没有离开英国。自从和妻子艾玛及他们不断壮大的家庭成员搬到乡下，他就很少离开自己的花园和周围的乡野。事实上,他为进化论所积累的大部分证据，都是他在当地发现的。

达尔文对大自然一往情深。其实，大自然是他的灵感之源。正是由于这种对自然的深情，才有了他后来的发现。他与自然的关系，不仅仅涉及情感，还与智识密切相关。大自然给他带来了巨大的欢乐，也是他获取知识和理解世界的不竭源泉。也许这就是我从高祖父那里学到的最重要的东西：睁大眼睛，敞开心扉，尽情享受大自然的奇妙，永远不要停止发问。

萨拉·达尔文博士（达尔文第四代孙女）

2016 年 9 月于柏林

萨拉·达尔文是一位植物学家，也是研究加拉帕戈斯群岛野生西红柿的专家

第1章

走向成熟的年轻人

“你整天不是打猎、养狗，就是抓老鼠，你这样会让自己和全家人丢脸的。”

达尔文的父亲训斥儿子没有规矩。

图片见《“贝格尔号”航行之动物学》

第 3 章飞禽类（1838—1841），约翰·古尔德绘。

达尔文从未忘记父亲的那句话。在他垂暮之年，回首一生的成就，以龙飞凤舞般的笔迹写下回忆录时，这句话又回响在他的脑海。那还是在他小的时候，父亲有一次曾对他大声呵斥："你整天不是打猎、养狗，就是抓老鼠，你这样会让自己和全家人丢脸的。"[1]

在当时那个场合，很少有父亲会像达尔文的父亲那样，对自己的儿子做出如此惊人的负面评价。但平心而论，他这么说也并非完全没有道理。在达尔文的少年时代，他对打猎和射击的兴趣，确实要比对读书的兴趣大得多，他在学校的表现充其量也只能算平平。

1809 年 2 月 12 日，查尔斯・达尔文出生在英格兰中部地区什鲁斯伯里的一个富裕的中上阶层家庭，他悠然度过了属于那个时代和阶层的孩子所应有的正常童年。他的父亲是一位事业有成的医生，全家住在一座叫作"芒特"的阴郁大宅里。不幸的是，他 8 岁那年，悲剧降临到这个家庭。达尔文的母亲在患病一段时间之后去世，撇下了达尔文的父亲和 6 个子女，达尔文在家中排行老五。回想起来，达尔文对母亲的记忆并不多，她的早逝似乎也没有给他带来过多的精神创伤。又或许，丧母之痛被宠爱他的姐姐们弥补了，她们当仁不让地承担起家里那些原本属于母亲的责任。

幼年时，达尔文由姐姐们和家庭教师给予启蒙教育。9 岁

9岁的查尔斯·达尔文

见埃伦·沙普尔斯所绘大幅肖像画局部。

那年，他和哥哥伊拉斯谟被一起送到当地的公立学校接受更正规的教育。但这么做并不成功。正统的教育几乎完全是教授拉丁文和希腊文，这根本激不起小达尔文的任何兴趣。“对我而言，作为一种教育手段，那所学校整个就是一片空白。”[2]达尔文在回忆录中如是写道，这是他对自己在那里度过的时光的毫不掩饰的评价。周围的景观和大自然，可以让他做各种各样更有趣的活动。他钓鱼、收集矿物和鸟蛋、和哥哥伊拉斯谟在花园的棚子里做化学实验、骑马，当然，还有打猎。他对射击近乎痴迷，总是急切地数着那些被他击中的猎物的数量和种类。虽然达尔文对自己的能力和成就总是很谦虚，但在回忆录中，他却坦承自己确实是个出色的射手。[3]

1825年，达尔文16岁了。父亲把他和伊拉斯谟一起送到爱丁堡去学医，但这个计划也不成功。年轻的达尔文对解剖尸体和在没有使用麻醉剂的情况下给病人做手术毫无兴趣，因此，经过两年心不在焉的学习，以及参与大量课业之外的活动，他离开了爱丁堡，并没有拿到那个非常热门的医学学位。

离开爱丁堡之前，达尔文结识了罗伯特·格兰特。格兰特是一位年轻的动物学家，在爱丁堡大学讲授自然史，并带领学生们到苏格兰海岸进行野外考察。对达尔文来说，这次邂逅非常重要，不仅因为他发现格兰特是一位才华横溢而又循循善诱的老师，而且格兰特还向他介绍了欧洲大陆的一些当时被称为“物种变异”的最新潮的思想，即我们今天所说的进化论。

自然神学

这些思想在当时宗教色彩浓郁的社会中具有革命性，但那时科学和宗教并非水火不相容，反而几乎是携手并进。1802 年，神学家和哲学家威廉·佩利提出了当时最被广为接受的地球生命发展概念之一。他在《自然神学》（*Natural Theology*）一书中指出，大自然是由造物主设计的。“假设我在地上发现了一块表，”他指出，“我们一定会得出这个推断，即那块表一定有一个制造者。也就是说，在某个时间，某个地点，一定有过一位或几位能工巧匠……设计出手表的用途。每一种发明的痕迹，每一种存在于手表中的设计表象，也都存在于大自然的杰作中。”[4] 这与今天创世论者用来反对达尔文学说的“智能设计”（intelligent design）的论调如出一辙。

到了晚年，达尔文也许会排斥这一论点，但当时他也被说服了。“这本书的逻辑，也许还可再加一点，那就是他的‘自然神学’的逻辑，就像欧几里得一样给了我莫大的快乐……那时我并没有难为自己去思考佩利的立论前提，而是相信这些说法，我尤其被他那一长串的论证迷倒了，完全心悦诚服。”[5] 他在回忆录中若有所思地写道。

早在远古时代，就有了关于不同动物和植物之间相互关系的明确概念。亚里士多德提出的“伟大的存在之链”（Great Chain of Being）描述了所有生命形式的层级体系，从最低级、最原始的底层，到最先进的顶层——人。当然，人高于动物，但要低于天

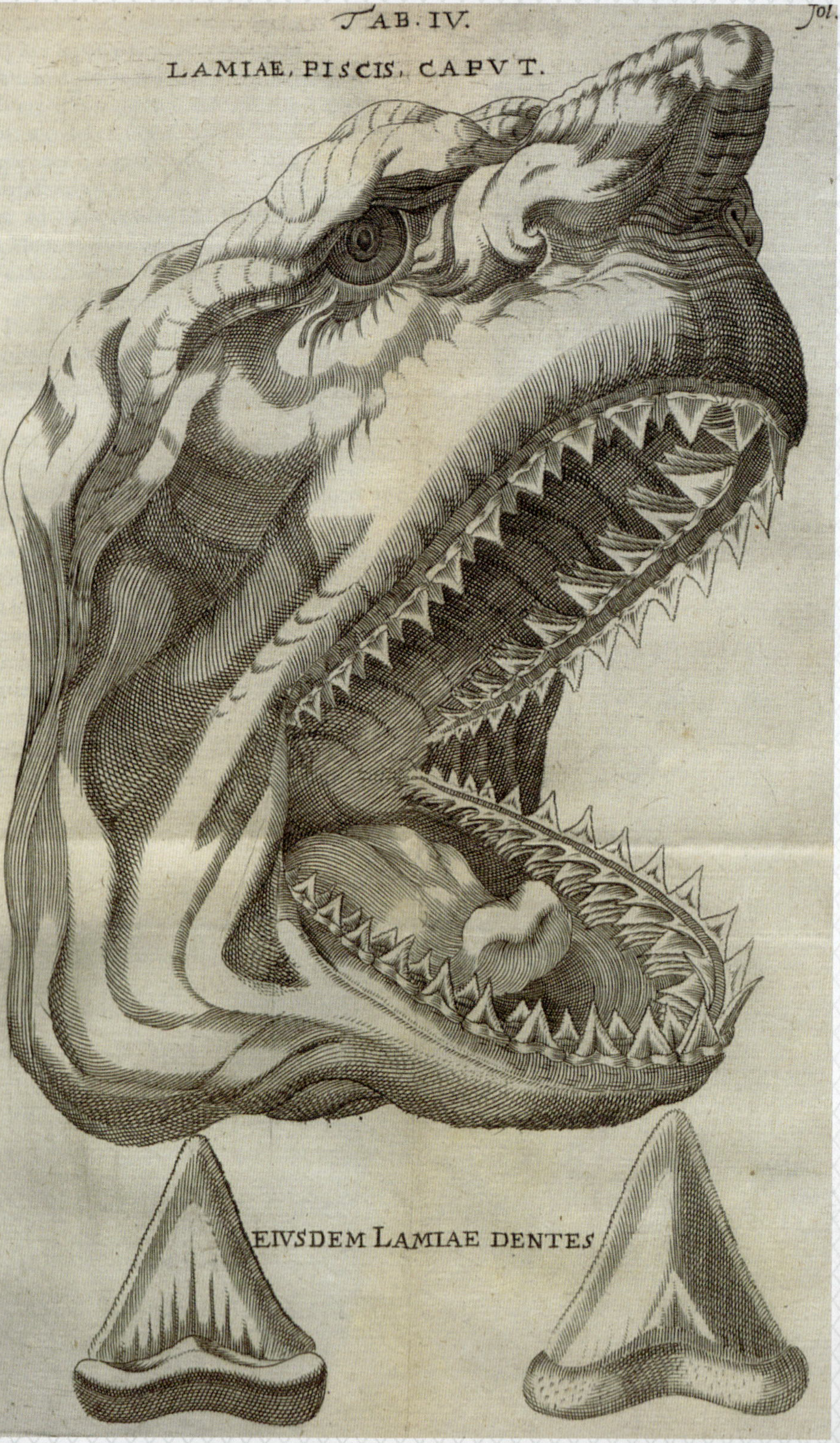

摘自斯泰诺 1669 年论文的鲨鱼头部解剖版画

林奈手里拿着以他的名字命名的林奈花
见亨德里克·霍兰德所绘《肖像》，1853年。

使和造物主。在这个存在之链的底部，蜗牛和蛇的下面是植物，植物的下面是岩石和矿物。这一描述包含了这样一种概念，即每一种动物和植物在造物主的创造中都拥有自己的位置，而这个位置是永恒不变的。

从地下挖出骸骨

然而，在 18 世纪末和 19 世纪初，关于动物和植物的物种发展——换言之，它们发生变异的可能性——的猜测在不断增加。欧洲正处于工业革命时期，人们正在修建新的公路和铁路，挖掘运河和矿井，到处都出现了史前动物的奇怪骨架。也许此时谈论新物种出现的可能性还为时过早，但情况很快就清楚了。老物种可能会灭绝，因为很明显，许多已成化石的骨头属于不复存在的动物。

1829 年，法国自然历史学家乔治·居维叶因对自然科学的贡献而被封为男爵。他是描述已灭绝动物的第一人。居维叶在许多方面都是一位了不起的人。作为巴黎自然历史博物馆的馆长，他安然挺过了法国大革命、拿破仑帝国和君主制复辟的风雨岁月，没有掉脑袋，也没有失去职位或头衔。这本身就是一个惊人的成就。他还对古生物学的发展产生了巨大的影响。他是一位杰出的解剖学家，据说他只用一根骨头或一颗牙齿就可以复原整个动物。

在居维叶之前，我们现在所知道的猛犸象骨骼化石曾被认为

乔治·利奥波德·居维叶肖像，其身边为标本、显微镜和学术作品

马修斯·伊格内修斯·范·布里绘。

是大象的骨骼。大多数这样的发现都出自西伯利亚，而这一事实可以用这样一种假设来解释：当大象生活在那里时，当地的气候一定比现在热得多。居维叶断定，活着的大象种群中没有一种大象的牙齿与在西伯利亚发现的骸骨相似，于是就用“猛犸象”一词来为这种动物命名，并随即宣布猛犸象已经灭绝。在同年发表的另一篇论文中，他描述了已经灭绝的巨型树懒（大地懒属），但达尔文后来在巴塔哥尼亚遇到过这一物种。居维叶后来又发现了两种早已灭绝的爬行动物，一种是海蜥蜴（沧龙属），另一种是类鸟翼龙（翼手龙属）。

居维叶的工作涉及打破“自然序列”（Scala Natura）的概念，即打破作为自然基本原则的那个完整的物种链，其中包括所有从最卑微到最高贵的物种。显然，个别物种的完全消失，并不会给其他存活物种带来任何问题。他的研究也带来了另一个问题：为什么某些物种会消失？

居维叶认为，物种灭绝一定是灾难性的环境变化造成的，他的观点形成了一种被称为“灾变论”的新理论的基础。居维叶认为，由于有许多已灭绝动物的骸骨在海洋沉积物中被发现，因此这很可能是某些剧烈的自然灾害造成大片土地突然被淹没，从而导致整个物种灭绝的。

居维叶自己从来没有把这个想法和《圣经》中的大洪水故事联系起来，但其他人很快就将二者联系起来，尤其是那些通过罗伯特·詹姆逊所译的不完全准确的译文来阅读居维叶著作的母语为英语的人。（詹姆逊甚至在原文中加入自己的注释，将居维叶的理论置于他认为正确的《圣经》语境中。）如果不是采取了主动的方式，达尔文本人在爱丁堡大学读自然史课程时也会受到詹姆逊的影响。“在爱丁堡的第二年，我参加了詹姆逊的地质学和动物学讲座，但其讲座枯燥乏味得要命，它对我唯一的影响就是促使我下定决心，只要我活着，就决不读地质学方面的书，也决不以任何方式研究自然科学。”达尔文写道。[6]幸运的是，他并没有遵守这一誓言！

物种的兴衰败亡

当法国的居维叶在研究猛犸象和其他已经灭绝的物种时，一位没有接受过科学训练的英国土地测量师正在研究一些重要的发现。威廉·史密斯是负责萨默塞特煤运河挖掘工程的主管，他注意到在工程开挖过程中暴露出来的岩层中有不同类型的化石。一个岩层中的典型化石，即某一地质时期的化石，可能完全不见于与其相邻的岩层，而相邻的岩层又具有一组相当新的、同样具有自身特点的化石。史密斯发现这些化石显然是按一定的顺序沉积的，更重要的是，他发现同样的沉积序列在英国分布广泛的各个地点反复出现了。

而在法国巴黎盆地，居维叶也有类似的发现。当处在最底层，因而也是最古老的那一个岩层的化石不见了时，取而代之的一定是其他化石，而这些化石在经过另一个时间周期之后，也会从岩层中消失。这一观察结果与居维叶的灾变论并不矛盾：地球上的生命似乎一再被抹去，然后又以新的形式被创造出来。

居维叶并不是法国唯一一位试图了解物种兴衰败亡的人。他甚至也不是法国国家自然历史博物馆里唯一一位这样做的人。他的两名同事也在研究同样的问题，却得出了不同的结论。其中最年轻的是艾蒂安·若弗鲁瓦·圣-伊莱尔，他对自然界中的同源结构很感兴趣，尽管这种结构的外表可能相差很大，但其形式基本相同。

别的不论，圣-伊莱尔确证了脊椎动物的骨头是同源的。当他检查人、猿、鼹鼠，甚至鲸鱼或鸟的四肢时，他发现它们都是由相同类型的骨头以相同的方式组合而成的。如果这些动物是上帝单独创造的，那么全都按照一个模式来设计就说不通了。这表明它们之间是相互关联的。这一问题成了圣-伊莱尔和居维叶争论的焦点。然而，在那个时候，这种异端思想已经在科学界被广泛传播，并继续给其他人以启发，其中就包括达尔文，他在1859年发表《物种起源》时提到了圣-伊莱尔。当达尔文掰着手指计算哪些同行科学家和博物学家会支持他的革命性学说时，他认为圣-伊莱尔是少数几个“倾向于主张变异性立场”[7]的人士之一。

拉马克

但在巴黎，居维叶不仅要和圣-伊莱尔相争，还要对付年纪稍大的让－巴蒂斯特·拉马克。拉马克是第一个试图构想出连贯一致的进化理论的科学家。他还提出了一整套进化的发生机制。1809年，即达尔文出生的那一年，拉马克出版了他的鸿篇巨制《动物学哲学》（*Philosophie Zoologique*），他在书中解释了他认为在进化中发挥作用的那些力量。他的思想遭到了他人的激烈反对（尤其是来自居维叶的反对），但也被很多人接受。然而，轮到达尔文登上这一历史舞台时，他摒弃了拉马克大部分的观点。在达尔文首次揭开进化论的面纱时，他在致友人的信中这样写道："上天庇佑我避开拉马克的胡说八道。"[8] 然而，达尔文也欣然承认，他自己关于生命是不断进化的结论，与拉马克的结论是一致的。他们双方不能达成一致的只是进化背后的驱动力。对拉马克而言，此驱动力由两种不同的力量组成。

第一种被他称为"复杂力"（complexifying force），意思是说，物种总是朝着更复杂和更精细的方向发展。新的生物体——那些简单的、微观的生命形态，总是通过"自然发生"——换言之，即产生自稀薄的空气——的方式不断出现，并逐渐发展成"更高级"、更先进的生命形式。在拉马克看来，物种根本不会灭绝，而只是转变成另一种东西。

第二种是"适应力"（adaptive force），即生物体会根据其所处的环境而发生变化。他描述道，水鸟常在较深的水中寻找食物，因此它们的腿会逐渐变长，而由于要力避陷入较深的淤泥中，它们的脚就会变成蹼状。他还提出假想：长颈鹿由于要不断地伸展身体去够树上更高的叶子，就会逐渐长出更长的脖子。这些仅仅代

生物课本中的拉马克理论插图

表了当时被广泛接受的观点。但拉马克更进了一步，而且他至今仍以这一步而闻名。他表示，不仅在早期为了生存的长颈鹿的脖子会变长，它的后代的脖子也会变长，即这种特征会遗传给后代。同样，器官或身体部位若较少得到利用，就会导致它在未来的世代中消失。在这一点上，他的主要依据是对某些鼹鼠的观察，这些鼹鼠生活在地下，眼睛非常小——实际上是看不见任何东西的。

达尔文斥之为“垃圾”，但许多人却认为，尤其是拉马克理论的后半部分，即获得性遗传，还是合理可信的。按照拉马克的说法，物种并非“一成不变”，而是可以随着时间的推移而改变；物种彼此相似也是因为它们之间存在联系，而并不是因为造物主心血来潮要在同一主题下搞出一系列变种。这在那些不受宗教教义束缚的人看来，是完全站得住脚的。

猜测太多，事实太少

达尔文通过他在爱丁堡邂逅的罗伯特·格兰特，才开始接触拉马克的理论。格兰特曾留学欧洲，在巴黎待过一段时间，深受拉马克和圣－伊莱尔的影响。尽管达尔文在大学里实际上并未正式选修格兰特的任何课程，但他却成了格兰特最用功的学生之一。达尔文跟随格兰特在福斯湾附近进行了多次野外考察，从而在观察和描述那一带沿岸海域的海洋生物方面得到了全面的训练，这些技能使他在多年后的“贝格尔号”航行中能一展才华。但是年轻的达尔文还没有准备好接受革命性的观念。到了晚年，回首在苏格兰度过的时光，达尔文想起格兰特是如何为拉马克及其进化论大唱赞歌的。“我惊讶地静静听着，而我知道，这对我的内心没有产生任何影响。”[9] 达尔文回忆道。

查尔斯·达尔文的祖父伊拉斯谟·达尔文肖像
德比郡的约瑟夫·赖特绘。

达尔文还从近在身边的另一源头接触到一些关于进化论的观念。18 世纪 90 年代，达尔文的祖父伊拉斯谟·达尔文出版了他的著作《动物学》（*Zoonomia*）。此书或许是英国第一本明确指出所有温血动物都可能来自同一个起源的书，即所谓的“生命的长丝”。

但是，祖父的书也没有给年轻的达尔文留下什么深刻的印象。在撰写回忆录时，他记起祖父的话及其对共同起源的看法，但达尔文表示，这一切对他没有产生任何影响。“话虽如此，但由于我从很小的时候开始，就一直听到人们坚持和推崇这些观点，故而这或许有利于我在《物种起源》一书中以另一种形式来支持这些观点。”[10] 达尔文坦承道。

然而，祖父的工作可能在其他方面影响了达尔文。“起初，我非常推崇《动物学》这本书。”他接着说，“可时隔 10 年或 15 年之后，当我再次阅读此书时，感到非常失望，因为其中的猜测行为远多于对事实的列举。”也许正是在这个时刻，达尔文下定决心不再犯同样的错误。

巴塔哥尼亚伍德岛欲望港

康拉德·马滕斯所绘水彩画，剑桥大学图书馆藏。

第2章

打开未来之门的钥匙

“我想，在所有我认识的人当中，他是唯一一个我从未听到有人说过他一句不是的人。再说，整整五年，大家都被困在这条军舰上，个个都憋不住要发火，这本身就很说明问题了。”

“贝格尔号”海军军官候补生亚瑟·梅勒什这样评价达尔文。

图片见《“贝格尔号”航行之动物学》第3章飞禽类（1838—1841），约翰·古尔德绘。

继旅居爱丁堡之后，达尔文又在剑桥度过了之后的几年时光。在那里，他各方面都过得更加顺畅。鉴于他不愿意继续学医，父亲就建议他去当牧师，经过一段时间的考虑，达尔文最终接受了父亲的建议。[1]这一决定并非出于任何根深蒂固的宗教信仰，而只是因为乡村牧师的生活相当舒适，是为数不多的适合绅士的生活方式之一。最重要的是，对于这样一位衣冠楚楚的人来说，业余搞点自然史的研究完全可以为他人所接受，而且，他的主要兴趣其实正在于此，这一点也越来越清楚了。除了剑桥大学的希腊语和拉丁语必修课，达尔文现在全身心地投入对昆虫的研究中。他对收集甲虫简直走火入魔，起初他还曾抱怨说："连个可以一块儿聊聊昆虫的人都没有，感觉（自己）在一点点地死去。"[2]幸运的是，他很快就结识了植物学教授约翰·亨斯洛和地质学教授亚当·塞奇威克。在他们的关照下，达尔文的兴趣得到了极大的拓展。通过课外讲座、实地考察和非正式的小组学习，他逐渐在新的自然历史领域获得了重要的经验。不过，他对古籍经典和神学课程并不那么上心。然而，1831 年春天，他为了能通过学士学位考试，便不得不狠下功夫。

虽然达尔文顺利毕业了，但他内心却十分犹豫，他不想就这样归隐乡野去过小日子。他想要旅行和探险，可惜他心心念念的加那利群岛探险之旅最终也未能成行，他为此感到极度失望。不过，紧接着，他就撞到一个非比寻常的好运气。有人请亨斯洛教授推荐一名博物学家，随同英国皇家海军乘“贝格尔号”军舰进行一次勘测和探险航行，亨斯洛建议由达尔文承担这一任务。这次航行，原本计划用两年时间勘测绘制南美海岸线，但后来却延长到了五年，最后成了一次环球航行。尽管没有明说，但推出这样一个位置其实主要是为当时 26 岁的罗伯特·菲茨罗伊舰长找一位“绅士旅伴”。在 19 世纪早期的军舰上，高居于舰上金字塔顶端其实是很孤独的，许多人都无法很好地应对这种情况。在菲茨罗伊之前的“贝格尔号”舰长就是在巴塔哥尼亚海岸附近开枪自杀的，而他的叔叔—— 也是一名舰长—— 则割断了自己的喉咙。

换言之，菲茨罗伊希望有人能庇护他，使他免受自己的地位所带来的那种最严重的孤独之苦。军舰上纪律森严，使得舰长不可能与其任何部下太过随便和亲近。然而，若相邻的舱室住着一位独立的博物学家，那菲茨罗伊就可以找他来聊聊天，探讨科学问题，甚至一起喝瓶红酒什么的。达尔文的作用其实就是给菲茨罗伊舰长做个伴儿，不然的话，就会碍事了。

当然，达尔文对这个机会感到异常高兴。这样一来，他就可以去探索南美洲的奇异风光，而且那里还有各种各样未曾有记载的动植物可供他收集标本。然而，达尔文的父亲对此不以为然，而且达尔文此行的费用还得他来买单，所以他写了一大堆反对的理由。其中最重要的是，他担心这样的旅行会让达尔文找到另外一个借口，从而再次改变其人生轨迹，故而他认为这次旅行纯粹就是浪费时间。我们今天回过头来看，他的担心的前半段是对的，可后半段却错了。

达尔文只好向他舅舅乔赛亚·韦奇伍德寻求支持。幸运的是，韦奇伍德立即认可了外甥的理由，并说服罗伯特·达尔文相信，这次航行对他的儿子绝对大有裨益。因此，在父亲的祝福和财力支持下，达尔文全身心地投入出发前的准备工作中。他需要添置绳子、书籍、工具和手枪，当然还要有一台显微镜和好几箱子储存罐，用来保存他计划收集的所有标本。“贝格尔号”是一艘小型

达尔文以“贝格尔号”舰长的名字将这种海豚命名为“菲茨罗伊海豚”。后来，人们发现这种海豚已经被命名了，今天我们称之为“暗色斑纹海豚”

见《“贝格尔号”航行之动物学》第 2 章哺乳类（1838—1839），乔治·R. 沃特豪斯绘。

军舰，全长不足 100 英尺[①]，舰上载员 70 多人，根本没有多余的空间。在整个航程中，达尔文将与两名年少的海军军官预备生约翰·斯托克斯和菲利普·金同住一间舱室。当该舰启程离开英国时，这两位分别只有 19 岁和 14 岁。

后人总是会将"贝格尔号"的此次航行与达尔文及其发现紧密地联系起来，其实，该舰远航的实际目的仅仅是勘测南美洲的海岸线，以便为英国皇家海军和商船队提供准确的海图。

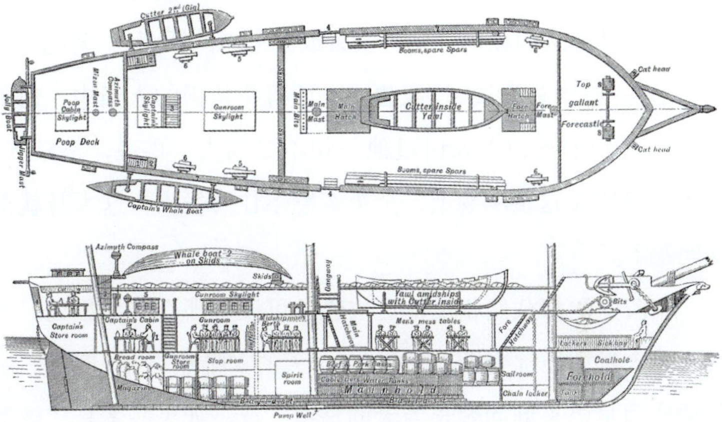

"贝格尔号"结构图，达尔文和另外两个人共用的舱室在船尾

当达尔文首次登上"贝格尔号"，看到那间他随后五年一直以之为家的舱室时，他完全惊呆了。在这个仅 10 英尺长、11 英尺宽的狭小舱室内，大部分空间都被中间的那张绘图桌占据了，约翰·斯

① 1 英尺约为 0.3 米。——编者注

托克斯会在这里绘制地图和处理测得的数据。他们为达尔文在桌子转角上画出一块地方，他可以在这里进行自然史的研究，但每天晚上他都不得不爬到挂在制图桌上方的吊床里去睡觉，第二天早上还得将吊床收起来。

不过，这个年轻的博物学家很快就适应了“贝格尔号”上的环境。也许正是在这里，他培养了一种秩序感和一丝不苟的精神，这也成为伴随了他一生的性格特质。达尔文待人友好谦和，深受其他舰员的赞赏。“我可以自信地说，我相信，在‘贝格尔号’上的五年里，他从来没有对人发过脾气，也从来没有当面或在背后说过关于其他人的任何一句不友善或欠考虑的话。”一名舰员回忆道。[3]另一位则补充说：“我想，在所有我认识的人当中，他是唯一一个我从未听到有人说过他一句不是的人。再说，整整五年，大家都被困在这条军舰上，个个都憋不住要发火，这本身就很说明问题了。”[4]

菲茨罗伊却截然相反，这位舰长可没有那么容易相处。他脾气十分火暴，经常会极不耐烦。“今天的咖啡热吗？”舰员们用这句话作为暗语来询问舰长当天的情绪状况。如果答案是“烫得要死”，那么大家最好还是离他远点儿。然而，有好长一段时间，达尔文对菲茨罗伊却相当有好感，称赞菲茨罗伊不但很客气，还非常通情达理。这种尊重的感觉是相互的。后来，他们之间渐渐出现了各种分歧，其中最严重的就产生于关于奴隶制的争论中，达尔文憎恶奴隶制，也反对奴隶制，而菲茨罗伊则极力为奴隶制辩护。这场争论剑拔弩张，菲茨罗伊一气之下便把达尔文赶出了他的舰

贝格尔号的船尾

出自罗伯特·泰勒·普里切特（1828—1907）的版画，后期着色。

长室。不过，他很快就为自己的臭脾气感到后悔，并派了一名军官去向达尔文道歉，达尔文也欣然接受了。

舰上带着《地质学原理》

亨斯洛曾建议他的门生去买一本当时新近出版的苏格兰地质学家查尔斯·莱尔所著《地质学原理》第一卷。然而，同他那个时代的所有地质学家一样，这位笃信灾变论的教授也警告达尔文：“千万不要接受该书所主张的观点。”[5]他指的就是莱尔提出的如今的地质是经过漫长地质时期逐渐演变的与亨斯洛的观点相反的理论。

达尔文用不着去买《地质学原理》，因为菲茨罗伊送给他的登舰礼物正是这本书。这本书对达尔文及其关于地球上生命发展的思想，都具有非常重大的意义，而正是基于这个原因，菲茨罗伊日后将会为这份赠礼而懊恼不已。因为尽管达尔文越来越质疑《圣经》对创世故事和生命起源的解释，菲茨罗伊却越来越恪守他的宗教信仰。许多年之后，当达尔文出版《物种起源》一书时，他在“贝格尔号”上的那位同行者，已然成了他最激烈的反对者之一。

在“贝格尔号”上的头几个星期里，达尔文如饥似渴地读完了《地质学原理》，这或许跟他大部分时间晕船而只能待在吊床上不无关系。这本书的谦虚而又低调的副标题——“以目前仍起作用的原因试析地球表面以前的变化”——其实暗含着革命性的思想，即那些曾经塑造和改变了地球表面的各种力量并没有停止，相反，时至今日，它们仍然可以被观察到。换言之，对现在的观察是理解过去的关键。这一原理是莱尔关于地质进程和地球历史概念的关键思想之一，它常被描述为“过程的统一性”。

莱尔的均变论包括三个进一步的原则，一是法则的统一性，即自然法则在时间和空间上是相同的；二是速率的均匀性（后来被称为“渐进主义”），即假定地球地质的变化是缓慢的、有规律的

查尔斯·莱尔。其所著《地质学原理》对达尔文产生过巨大的影响，两人后来成为挚友

且逐渐发生的，而并非什么突如其来的灾难事件导致的；三是状态的一致性,即假定地球的外观和表现一直和今天的差不多。换言之，虽然地球存在变化，但这种变化并未导致任何特别的结果，地球一直处于活跃但稳定的状态。

因此，莱尔认为，地球今天的模样，并不是居维叶在解释动物物种灭绝时提到的那种灾难性剧变的结果，而是地质力量逐渐发生作用的结果，这种作用至今仍可被观察到。我们所看到的自然地貌是由风及天气变化的侵蚀、沉积，以及海洋和河流对海岸及河岸的不断冲刷而形成的。在高山上发现的海洋贝壳化石，可以被解释为相继发生的一次次地震将海床逐渐抬升数千米的结果。

莱尔还发现，地球必须有已存在好几百万年的历史，才能给他所描述的渐进的地质形成过程留出足够的时间。

达尔文从莱尔的地质学理论中吸取了一个观点，即在一个漫长的时期内，缓慢而渐进地出现的微小改变最终可造成巨大的变化，这将是他要用 25 年才能完成的其理论拼图中的第一块。莱尔用这个概念来解释地貌的形成，而达尔文则用它来解释物种的进化。

陆地上的发现

“贝格尔号”的第一个停靠港是西非海岸佛得角群岛上的圣地亚哥。达尔文迫不及待地想要离舰上岸。他发现，圣地亚哥的地质结构非常有趣，正如他后来所描述的：“一进港，就看到海崖的正面有一条完全水平的白带，沿着海岸绵延几英里①，高出海面大约 45 英尺。仔细一看，这片白色的地层是由石灰质构成的，里面嵌有许多贝壳，就像现在邻近的海岸上存在的贝壳一样。”[6] 莱尔书中所述清晰地浮现在达尔文的脑海，这正是明显的证据，表明陆地上升与海洋关系密切。达尔文在回忆录中评论道，他的第一次探索就显示出“莱尔处理地质学的方法具有惊人的优势”。[7]

三年后，“贝格尔号”抵达智利，达尔文组织了一次深入科迪勒拉山系的徒步探险。在海拔 6 000 英尺高的地方，他发现有好多很厚的海洋化石叠层和一大片已经石化的树干嵌在海底熔岩流和火山砂岩的互层②当中。[8] 这些树在某个遥远的时间点被埋在了水下，自那之后，陆地缓慢又确定无疑地上升了数千米。

这一最具戏剧性的证据表明，曾经提升这片陆地的力量仍然在发挥作用，这一点在智利也得到了充分体现。当时，达尔文在沿海小城瓦尔迪维亚经历了一场强烈地震。几天以后，“在比高水位线还高出 10 英尺的岩石上，残留着一片片的腐烂贻贝壳”[9]。陆地又升高了几米！“莱尔学说的惊人优势”在这里是再清楚不过了。达尔文找到了一位导师，莱尔也有了一位新门徒。当然，莱尔对此尚一无所知，他俩此时也都不知道，在未来的岁月里，他们的关系竟会变得那么亲密无间。

---

① 1 英里约为 1.6 千米。——编者注

② 互层，指两种岩层反复出现。——编者注

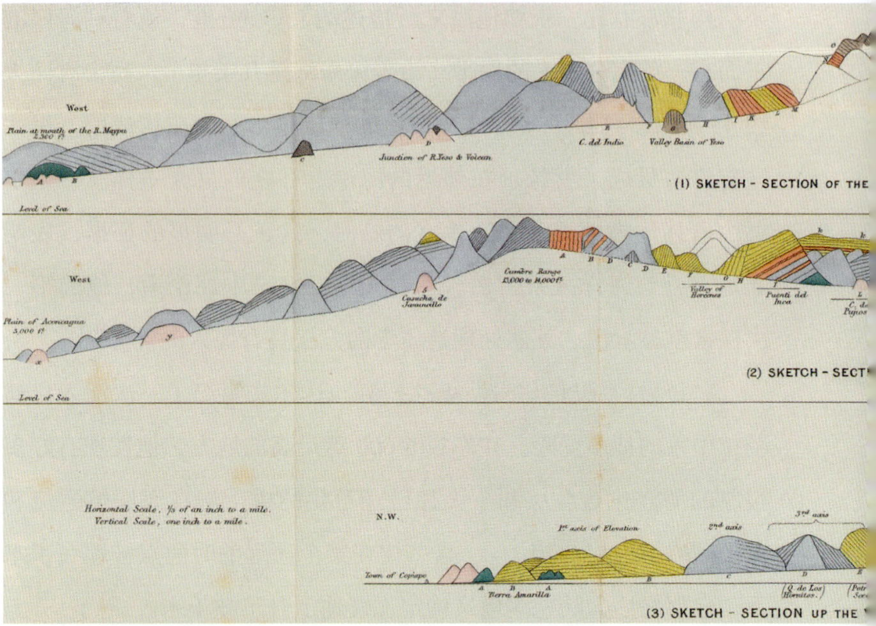

阿根廷和智利之间的乌斯帕亚塔山口地质图。达尔文做了详细的地质观察，后来又在此基础上请人绘制了他所到地区的地质图

与达尔文一样，菲茨罗伊对自然科学也感兴趣，还和达尔文一起进行了许多实地考察。至少在一开始，他似乎也和达尔文一样热衷于莱尔的理论。他后来写道，曾陪一个朋友（毫无疑问是指达尔文）“穿越由遍地滚石构成的广阔平原，这些石头被夹裹在深达几百英尺的冲积层碎屑中”，并承认说过，“这绝不可能是40天的洪水造成的后果”。[10] 但之后，菲茨罗伊的热情就逐渐消散了。他后来写航海日志时，用了整整一章来解释他先前感情用事的观点。他把这些归咎于“怀疑主义思想的误导，以及对《圣经》所

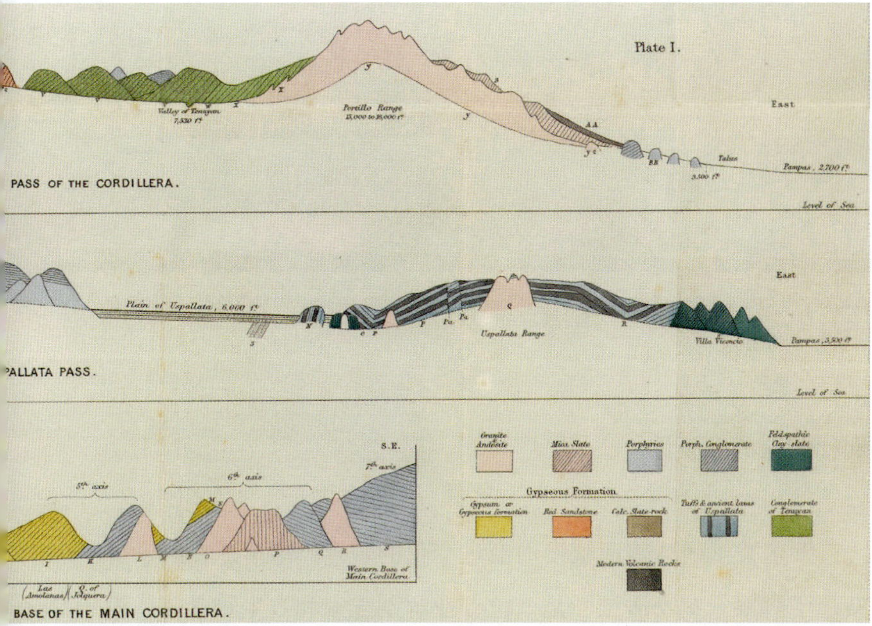

知甚少”[11]。

1839 年，即“贝格尔号”返回英国四年后，菲茨罗伊耗费大量精力重新解释了他在那次远航中的观察，达尔文和莱尔都读到了同年出版的这些解释，他们显然被逗乐了。“你会觉得菲茨罗伊的‘大洪水’那一章挺逗的。”达尔文在给姐姐卡洛琳的信中写道，“莱尔今天也在这儿，他刚刚读过这本书，他说这本书简直完胜他以前读到的所有这方面的胡言乱语。”[12]

在智利，达尔文看到了地震的强大威力。这种影响是灾难性的，它使达尔文相信大自然的力量可以排山倒海

现代时期的灾变论

莱尔关于地球表面缓慢而渐进变化的观点，渐渐地在科学界站稳了脚跟。鉴于居维叶是一位专业解剖学家和古生物学家，没有人对居维叶的权威提出异议，但居维叶的灾难性巨变影响了整个地球，同时也是物种灭绝的原因的观点，却似乎越来越难以令人信服了。均变论似乎战胜了灾变论。直到 20 世纪 80 年代，也就是居维叶死后 150 年，他的理论又获得了某些意想不到的重新审视。大约 6 600 万年前，一场大灭绝事件不仅杀死了所有的恐龙①，还杀死了当时地球上四分之三的生命。在 1980 年的一篇论文中，由美国物理学家路易斯·阿尔瓦雷斯领导的一个研究小组提出，地球曾被一颗巨大的小行星撞击，其大小足以引发全球性的烈焰风暴，并向大气中抛掷无数尘埃和碎片，使天空变暗数

① 此说法过于绝对，恐龙灭绝延续时间很长，是一个过程。——编者注

年。[13] 由此产生的“冬季”，将对所有依赖光合作用的植物，所有以这些植物为食的动物，当然还有以食草动物为食的食肉动物，造成灾难性的伤害。

阿尔瓦雷斯的研究小组为他们的假说找到了一些证据。首先，人们在分属于距今 6 600 万年之前及之后的地层中发现的化石物种类型有明显的差异。其次，地质学记录显示，这一时间界限内的黑色黏土层有一些不同寻常之处，其中含有浓度极高的铱元素。铱在地壳中极为稀有，但在小行星和陨石中则不然。阿尔瓦雷斯提出，一颗巨大的小行星撞击地球，就会将大量的铱释放到大气中，之后又以尘埃微粒的形式散落在整个地球表面，从而造成此元素的高浓度聚集，一如我们今天在被称为“K-Pg”（白垩纪 - 古近纪，Cretaceous-Paleogene）分界地层中所看到的那样。

阿尔瓦雷斯和他的地质学家儿子沃尔特首先在意大利的古比奥研究了这个分界带。在那里，他们发现沉积物中铱的含量是正常水平的 100 倍。然而，仅有一次观察是不够的，所以他们随后来到了丹麦，在斯泰温斯悬崖上发现了一个显而易见的 K-Pg 分界地层的例证：在一片白垩质的白色悬崖中间有一条黑线。这种黑色条纹在当地被称为“鱼泥”。

沃尔特·阿尔瓦雷斯后来写道：“很明显，当这种鱼泥沉积时，丹麦海底一定发生了某些不愉快的事情。悬崖的其余部分由白色的白垩质构成，这是一种软质石灰岩，里面充满了各种类型的化石，这表示那里曾经是诸多生命的健康海床。但是鱼泥层却是黑色的，有硫黄味，除了鱼骨，没有化石。在这条鱼泥带所代表的那一段时间里，健康的海底变成了没有生命的、水流停滞的、缺少氧气的墓地，死鱼慢慢腐烂。”[14] 斯泰温斯悬崖的鱼泥层中恰恰也含有大量超高浓度的铱，而来自 100 多个其他地点的 K-Pg 分界层样本，则证实了关于巨型小行星撞击地球的阿尔瓦雷斯假说。

在墨西哥尤卡坦半岛被发现的希克苏鲁伯陨石坑，为这一假说提供了更加引人注目的证据。在历时数百万年的沉积物下面，隐藏着一个 180 千米宽的陨石坑，人们认为这是由一个直径至少有 10 千米的外星物体造成的，其年代正好是 6 600 万年。

尽管阿尔瓦雷斯假说现在已被地球科学家广泛接受，但某些不同的声音却支持关于 K-Pg 大灭绝事件成因的另一种解释，即该事件是由一系列大规模火山爆发而非小行星撞击地球造成的。无

地质学家托弗·丹霍尔特用手指着丹麦斯泰温斯悬崖富含铱的地层，这是一条狭窄的黑色条纹带

论如何，或多或少如居维叶所提出的那样，人们一致认为，剧烈的灾难性事件影响了整个地球，还曾数次彻底毁灭了地球上的大多数动植物。

生命本身影响地球的地质

地球表面的物理条件已经影响到生命在这个星球上的发展，这似乎是显而易见的。然而，对于生物反过来又会影响其周边环境甚至地球的地质条件的观点，又该如何看待呢？

事实上，几乎从地球上出现生命的那一刻开始，这种情况就一直在发生。著名的例子包括白垩悬崖和石灰岩，这些岩石由压实的微小海洋生物残骸构成，通常也含有更大一些的化石。什罗普郡温洛克边缘的石灰岩断崖，距离达尔文在什鲁斯伯里的童年故居仅 13 英里，它是造礁地质最好的实例之一，揭示了繁盛于 4.25 亿年前志留纪时期的珊瑚形成生物的遗产。毫无疑问，那是一个发现化石的好地方，达尔文年轻时肯定也去过那里。在 1841 年写给查尔斯·莱尔的一封信中，达尔文回忆道："在温洛克附近，我见过你所描述的那种东西，我记得，我还匆匆地画了一幅珊瑚群的草图呢。"[15]

当然，150 年以来，为工业社会提供动力的世界上的所有煤炭、石油和天然气矿藏，全部都源自纯有机物。即使是像花岗岩这样的火成岩，如果没有能进行光合作用的微生物的存在，也是不可

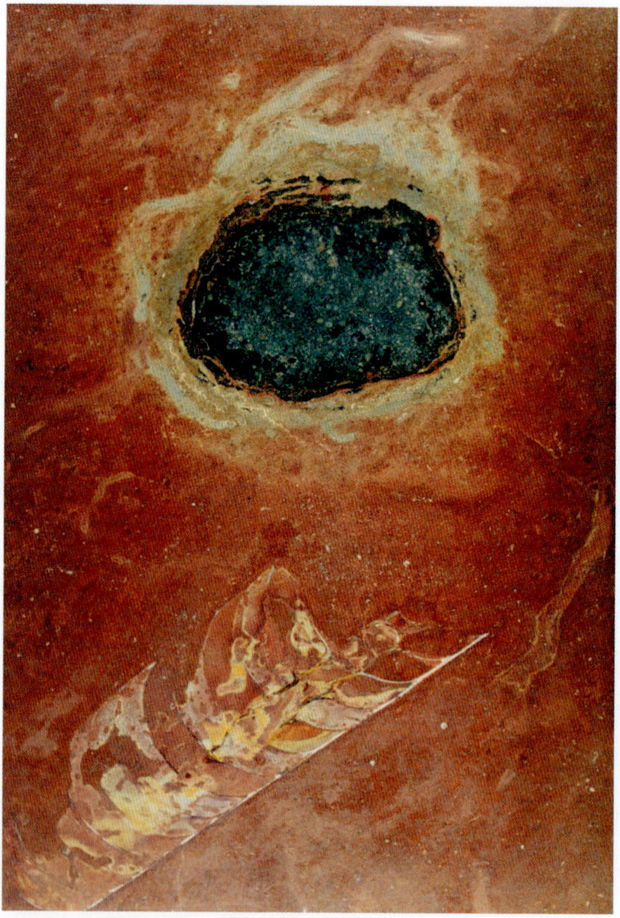

一小块陨石嵌在索斯伯格采石场的石灰岩中，旁边是一种已灭绝的枪乌贼化石——直角石

能形成的。能进行光合作用的微生物会产生必要的氧气，使火山玄武岩得以转化为长石、石英和云母矿物，而这些矿物质则可以构成花岗岩。[16] 花岗岩比玄武岩轻，所以当构造板块相互碰撞时，它会浮在最上面，从而形成了我们人类及地球上的许多生命今天所栖居的巨大陆地。

因此，尽管莱尔为我们理解地球地质和生命发展历程做出了巨大的贡献，但他却忽略了一个至关重要的洞见。地球并非一直就是今天这个样子，在难以想象的长达 45 亿年的时间跨度中，地球发生过极其巨大的变化，而其中最剧烈的变化都是由生物体本身引起的。

智利奥索尔诺火山

见康拉德·马滕斯的速写本，剑桥大学图书馆藏。

第3章

神秘的骸骨

“当我以博物学者的身份参加‘贝格尔号’皇家军舰航游世界时，我曾在南美洲看到有关生物的地理分布以及现存生物和古代生物的地质关系的某些事实，这些事实深深地打动了我。”[①] 这是查尔斯·达尔文《物种起源》的开篇之语。

图片见《“贝格尔号”航行之动物学》

第3章飞禽类（1838—1841），约翰·古尔德绘。

① ［英］达尔文．物种起源［M］．周建人，叶笃庄，方宗熙，译．北京：商务印书馆，1997：15.

当“贝格尔号”沿着南美洲海岸航行，趁着船进行水深测量及岸线测绘作业，达尔文充分抓住了每一个上岸的机会。在这片土地上，到处都是奇妙而未知的物种、蔚为壮观的岩层，以及各种各样的奇珍异宝，这些都有待人们去发现、描述和理解。达尔文如饥似渴地收集一切能够带走的东西，包括扁形虫、小甲壳纲动物、甲虫、蝴蝶、不同沉积层的岩石样本等。还有化石，他也是能找到多少就找多少。这位年轻的博物学家工作起来非常有条理，他把所有的观察结果仔细地记录在航海日志里，且每天坚持记日志，并给家人和他在剑桥大学的导师约翰·亨斯洛寄去一封封长信。航行途中，信件的收寄时间都很长，此外，只有当船停靠在主要城镇的港口时，船上人员才能收发邮件。亨斯洛是一位博学多才、充满激情的自然历史学家，毫无疑问，达尔文觉得自己有特别的义务让亨斯洛不断了解他的研究的最新进展，毕竟是亨斯洛为他在“贝格尔号”上找到了现在这个位置。

达尔文也会收到家里寄来的长信。他们家是个大家庭，所以总少不了家长里短的新鲜事。他的姐妹们尤其煞费苦心地告诉他，她们身边的圈子里谁已经名花有主，谁又已经出嫁（也许就是想跟他说，原本看起来和他蛮般配的那些姑娘，从此他就不要再想了）。现在，先是他的表兄弗兰克·韦奇伍德将迎娶一位名叫莫斯利的小姐。然后，另一位表兄威廉·福克斯和弗莱彻小姐订了婚。还有一件令人高兴的家庭大事也传到了他这儿：达尔文的姐姐玛丽安娜刚生了个儿子，他将随舅舅取名为查尔斯。

达尔文在『贝格尔号』上的时候，他的姐姐和妹妹经常给他写信。图为达尔文的姐姐卡洛琳

埃伦·沙普尔斯绘。

然而，并不是所有的来信都能给达尔文带来好消息。他的妹妹凯瑟琳委婉地告诉他，名叫范妮·欧文的那位小姐已经订婚，等达尔文下次回家的时候，人家早就嫁作他人妇了。[1]这位范妮可不只是达尔文亲密的朋友。备受打击的达尔文回信说："我发现自己脑子一片混乱，神情恍惚，连句话也写不利落了，就让我在哭笑之

中跟你们大家道声晚安吧。”[2] 姐姐卡洛琳在信中总是滔滔不绝。在一封信的开头，她这样憧憬达尔文平安回到英国后的美好场景：“我发现，那所宁静的牧师住宅在你的眼里仍旧魅力不减，我好高兴呢。我心里盼望并想象着有一天你会住在那里，我开心得不得了。虽说今年是个结婚的大年，但我相信，你肯定会找到那位一心等着你的小娇妻的。”[3]

至为重要的发现

但是，对于将来当个乡村牧师过日子这件事，达尔文是考虑得越来越少了。他发现，关于佛得角群岛上圣地亚哥地质层的问题很容易解释。兴奋之余，他便在脑子里酝酿出一个想法。他要写一本地质学方面的书，一本会令他作为科学家而闻名遐迩的重要著作。他甚至在家人中试水，当然，无疑主要还是冲着他那位专权的父亲。达尔文这样字斟句酌地建议道：“依我看来，尽自己绵薄之力来加增（原文如此）人类知识总量，是人生值得尊崇的目标，就好像一个人无论如何都会去追求的目标一样。”[4]

达尔文痛苦地意识到，如果他想作为科学家而被世人接受，他就必须作为第一个去发现某些事物的人。因此，当他得知，早在他自己到达南美洲之前，法国政府就已经派了一位科学家去采集标本时，他感到非常担忧。他在给亨斯洛的一封信中抱怨道：“我还得再吼一声，背运的是，法国政府竟然已经派了一位标本收集者到内格罗河流域。他在那里已经工作了 6 个月，现在都到合恩角附近了。为此，我十分担心，生怕他会抢在我前面把好东西全都弄走。”[5] 尽管如此，1832 年 9 月，好运却偏偏眷顾了达尔文。沿着巴塔哥尼亚海岸航行，“贝格尔号”驶入了布兰卡湾。达尔文和菲茨罗伊乘小船沿着海岸线探险，一直来到蓬塔阿尔塔（Punta Alta）的岩层裸露处，他们在那里发现了一处低矮的泥岩崖，这处泥岩崖里含有大量非同寻常的化石。

泥岩崖只有约十英尺高，红褐色的黏土层中满是骸骨，有些

图为“贝格尔号”被拖上岸维修，这给了达尔文更多机会在陆地上进行更长时间的探索，了解当地自然和文化

此画为随舰画家康拉德·马滕斯所绘，韦尔科姆收藏馆藏。

骸骨从崖面露了出来。达尔文便和一个男孩儿用鹤嘴锄开始挖起来。到了第二天，达尔文发现了一个硕大的头盖骨，因为它太大了，所以他花了三个小时才把它挖出来。当他们回到船上，把这枚头盖骨归入甲板上的那一堆他们在前一天挖出来的骨头中时，天已经黑了。起初，达尔文认定这个头盖骨是某种犀牛的，[6]但他很快意识到，他所发现的实际上是“大地懒”，这是一种早已灭绝的巨型地栖树懒，其体形和大象一样大。（我们今天仍可在南美洲见到其体形较小的近亲。）达尔文评论说：“这一点特别有趣，因为欧洲绝无仅有的标本都由西班牙国王收藏于马德里，出于科学研究的目的，这些标本就像原本隐匿于史前岩层一样被秘密保存着。”[7]

保存在马德里的这具大地懒骨架于1789年在现今的阿根廷境内出土。之后这些骸骨被运往马德里，并由西班牙皇家自然历史博物馆的胡安·鲍蒂斯塔·布鲁将其拼装成一具近乎完整的骨架。1796年，这具骨架的各种绘图到了伟大的法国解剖学家乔治·居维叶的手中，于是他发表了关于这只动物的第一篇文字描述。他将其命名为“美洲大地懒”（Megatherium americanum），并确定其为当代树栖型树懒的近亲，尽管后者只有体形很小的印度象那么大。他得出结论，即这种体形大小的动物不可能仍然生活在南美洲而不被发现，于是便宣告此种动物已经灭绝。

一个月后，在从蓬塔阿尔塔沿海岸前行60英里的地方，达尔文在蒙特埃尔莫索（Monte Hermoso）发现了另一个丰富的化石源。他豁然开朗，如果处理得当，这些在“贝格尔号”甲板上堆得越来越多的骨头，就可以成为他回英国后进入科学界的“入场券”。

FOSSIL ORGANIC REMAINS. *PLATE CIII.*

与人类骨骼对比的大地懒骨骼

出自 W. H. 利扎斯版画。

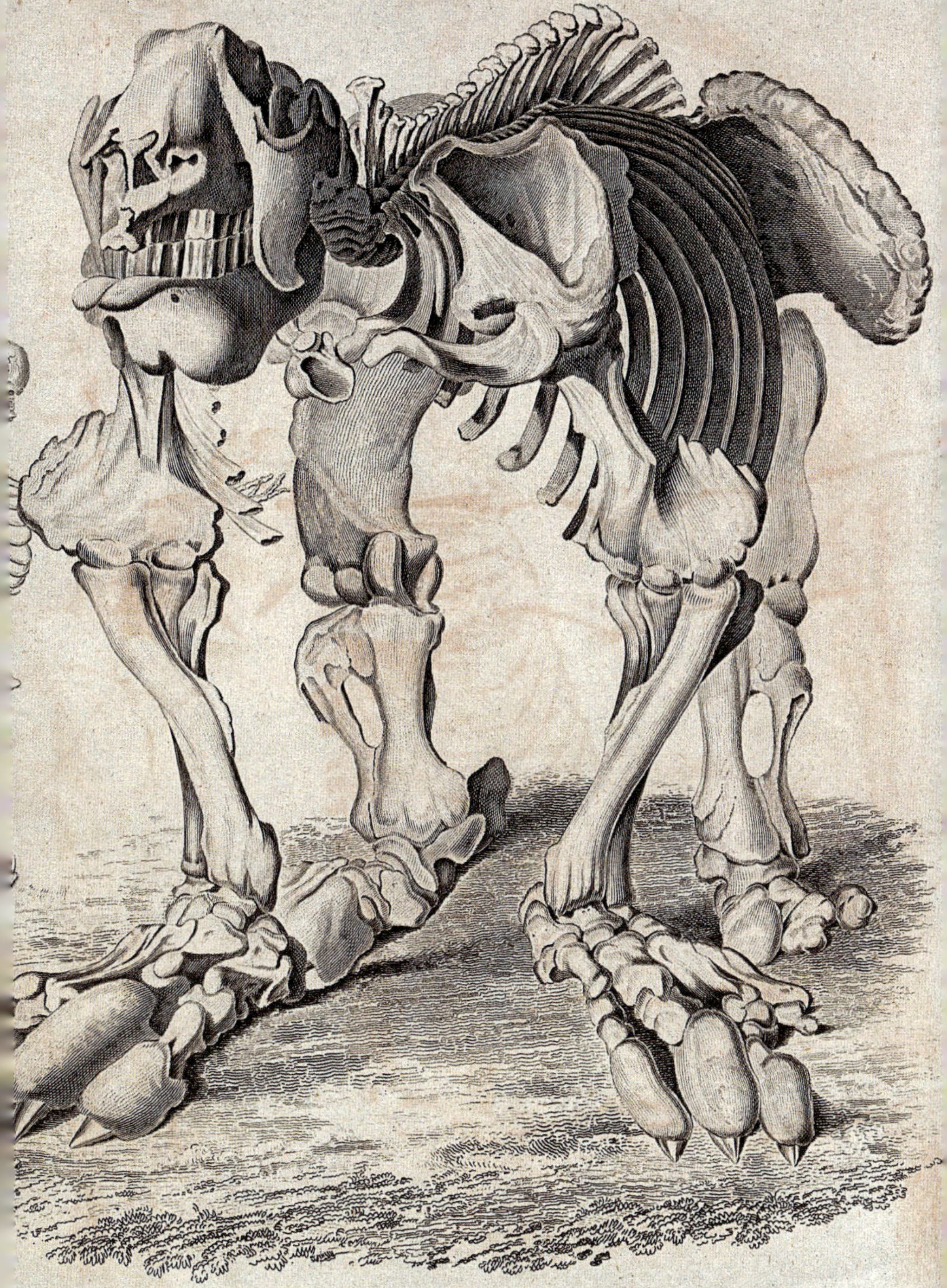

MEGATHERIUM.

达尔文戴着一顶高礼帽站在“贝格尔号”的甲板上，周围环绕着他收集来的骨头、头骨和植物，船员们正忙着把所有的标本搬到船上

此画为“贝格尔号”上的画家奥古斯都·厄尔所绘。

War on diskivery

他匆忙地做了几个板条箱，用来装这些骸骨化石以运回英国，同时用词谦恭地致函他在剑桥大学的老师约翰·亨斯洛教授："倘若这些物件能让您有足够的雅兴将箱子打开，那我将非常乐于恭听您的高见。"[8]

亨斯洛对此自然是非常感兴趣的，他不仅饶有兴致地把化石从板条箱中取出，还安排在英国科学促进会的年会上将这些化石进行展示，他在会上更是宣读了达尔文对这些发现所做的描述。[9] 亨斯洛没有料到，达尔文的努力最终竟会取得如此巨大的成功，因而他竭尽全力向人们推介他的得意门生。他甚至用达尔文的信函和笔记拼凑出一篇科学论文，于 1835 年在剑桥哲学学会向学术界陈述。接着在 1836 年，他又在美国地质学会陈述了另外一篇论文。

因此当达尔文最终结束在"贝格尔号"上将近五年的航行，于 1836 年 10 月回到家中时，他的科学观察和记述，尤其是在巴塔哥尼亚的惊人发现，令他在最受人尊敬的科学界声名鹊起。伟大的莱尔本人也对达尔文有所耳闻，并期待着与他见面。读了达尔文的笔记后，他意识到，这位年轻人不仅读了他的书，而且真正读懂了他的书。亚当·塞奇威克和亨斯洛一样，也是达尔文以前在剑桥求学时的导师。他也听说了达尔文的发现，并对一位共同的熟人这样评论道："他在南美洲的表现令人钦佩，而且还邮寄回来这么多采集品，大家都对他赞不绝口。对他来说，这可是天大的好事，因为他踏上了一条探索之路。在此之前，说不好他哪天连命都没了，却还只是庸人一个，但现在，他的人生角色已然定型，而且，倘若上帝肯让他平安长寿，那他必将在全欧洲的博物学家中享有极高的声誉。”[10]

描述发现

达尔文一回到英国，来自科学界方方面面的邀请就如潮水一般涌来。查尔斯·莱尔是最早发来邀请函的人之一，他邀请达尔文于 1836 年 10 月到他家做客，那时达尔文归国仅几个星期。莱尔还把达尔文介绍给理查德·欧文——一位非常想见他的年轻人。现年 32 岁的欧文只比达尔文大 5 岁，但他外出旅行的经历没有达尔文的那么多。他的人生是以与达尔文一样的方式开始的，他最早也是在爱丁堡接受医学培训。与达尔文一样，他后来也换了自己原先的专业，转攻解剖学和骨骼学，进而转向化石研究，在这方面，他算是专家了。

欧文在英国皇家外科医学院供职，该学院有自己的博物馆，所以他见过达尔文的大地懒头盖骨化石（这是从蓬塔阿尔塔运回来的）。

两位年轻人达成一致，由欧文检查并描述达尔文从巴塔哥尼亚运回来的所有剩余骸骨化石。达尔文不仅计划写一本传统的维多利亚时代的旅行回忆录来描述他奇妙的远航历程——也就是后来问世的那本《“贝格尔号”航海日记》，他还在心里酝酿着一个更加宏伟的计划。他打算招募国内顶尖的专家（欧文只是其中的第一人），请他们研究他在航海旅途中收集到的东西，并就其中的发现进行描述。在所涉及的相关领域，达尔文本人并不是专家，但他渴望在此项科学建树中留下自己的印记，于是他任命自己为一系列相关学术著作的编辑和负责人，这些著作会在五年之内陆续出版。

欧文是分析和整理达尔文化石的理想人选。他是一位很有天赋的解剖学家，对许多不同种群的动物——既包括现存的也包括灭绝了的——都有非常全面的了解。他雄心勃勃，不怕任何可能会影响其洞察力或新的科学前沿发展的障碍。由于可以得到伦敦动物园里的任何动物尸体，他已经解剖了一只大猩猩、一头大象及他家走廊上的最后一头犀牛。据说，只要欧文能用大量的雪茄烟雾掩盖掉尸体腐烂的恶臭，他那长期深受其害的妻子就可以容忍他把活儿带回家！[11]

欧文开始工作了，他要把“贝格尔号”上的那堆骨头拼凑起来。结果发现，这些骸骨代表了许多不同的物种，包括一些完全未知的物种。最终，“拼骨游戏”完成了，他得到了不少于 7 种史前大型动物的或多或少的完整骨架。

达尔文已经知道他有大地懒的头骨，但其实那些骸骨化石还属于其他三种已经灭绝的巨型树懒。其中有一种为雕齿兽，即某种已被文献记载的巨型犰狳。另外还有两种连欧文也难以确定的物种。他给其中一种取名为“箭齿兽”。达尔文从蓬塔阿尔塔带回了几块这种动物头骨的不同碎块。几个月后，他又在乌拉圭买了一

理查德·欧文与大腿骨合影。理查德·欧文对达尔文收藏的所有南美灭绝哺乳动物化石进行了研究，他借机展示了自己在比较解剖学方面的卓越能力

块更加精细的头骨（花了 18 便士）。这块头骨曾经被一些男孩子用来练靶子，他们朝它投掷石头，把其中一颗牙齿敲掉了。幸运的是，达尔文后来找到了一颗与其空牙槽完美匹配的牙齿。[12] 这块头骨对欧文来说是个谜。显然，这只动物体形硕大，至少有河马那么大，但鉴于其弯曲的大牙，欧文又觉得这一定是一只巨大的啮齿动物。[13]

欧文不得不为其另起名字的第二个怪异动物的头盖骨完全缺

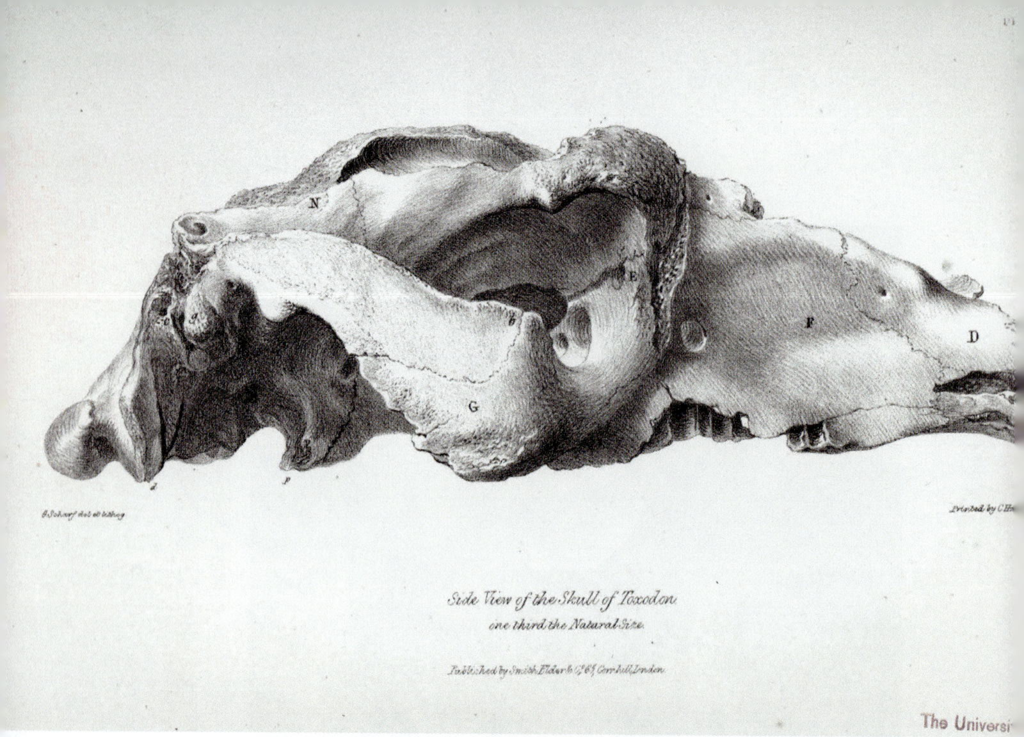

达尔文花 16 先令从男孩儿手中买下的箭齿兽头骨

见《“贝格尔号”航行之动物学》第 1 章哺乳类动物化石（1838—1840）。

失，但它确实有很多其他骨头，包括脊椎、肩胛骨、股骨、胫骨和跗骨。这足以确定这是一个新物种，其体形和骆驼一样大，腿长，骨架结实。事实上，欧文断定它属于某种骆驼，于是便为其起名为“长颈驼”（Macrauchenia patachonica），意思是“来自巴塔哥尼亚的巨型美洲驼”。[14]

在那些“大地懒属”的化石当中，达尔文还发现了一颗马的牙齿。[15] 这可是个谜。人们普遍认为，马是在 16 世纪才被欧洲殖民者引入美洲的。达尔文认为，这颗牙齿不可能与那些化石骨头的年代相同。然而，欧文却持不同看法：这颗马齿与已经灭绝的大型动物是同时代的，它能证明马在欧洲人到来之前很久就已生活在南美洲大陆上了。“这……并不是达尔文先生的古生物学发

图中抽屉里的贝壳由查尔斯·达尔文于“贝格尔号”远航期间从各地收集而来

现中最无趣的成果之一。”欧文以典型的英国式低调口吻写道。[16] 现在我们都确切地知道，欧文是对的，马曾经在美洲分布广泛，直到最后一个冰河时代末期，它们才突然灭绝。

20 世纪之前，我们尚没有直接或准确的化石年代的测定方法，但达尔文和欧文当时确实也有一些线索可以追踪。在这些巨大的骨头之间，达尔文发现了已经变为化石的贻贝，其中大部分显然与今天仍然生活在蓬塔阿尔塔和蒙特埃尔莫索附近水域的贻贝属于同一物种。基于这一点，并考虑到这一地区的陆地自沉积物沉积以来只上升了一点点，达尔文得出结论：这些骨头来自一个非常近的时代。[17] 换言之，这些史前动物极有可能曾与达尔文所处时代的大多数南美洲动物生活在同一时代。尽管这听起来不像是个惊世骇俗的发现，但事实上，这是一个与当时公认的物种灭绝模式完全相反的结论。《圣经》中关于全球大洪水吞噬一切的观点，并不能解释为什么一个地区的大多数动物，譬如海洋双壳类动物，能像以前一样生存繁衍下来，而其他一些动物却彻底消亡了。

已灭绝物种与现存物种之间的联系

随着时间的推移，欧文和达尔文之间的友谊从最初的互相认同变成了苦涩的敌意。《物种起源》于 1859 年出版之后引发激烈争论，但极少有科学家像欧文那样咄咄逼人。具有讽刺意味的是，有关巴塔哥尼亚灭绝动物群骸骨化石的发现，不仅为达尔文叩开了英国科学界内部圈子的大门，也让达尔文在物种进化研究方面大开眼界。而且，这是欧文自己针对箭齿兽所做研究的结果。他将箭齿兽与另一种大型啮齿类动物——一种仍然生活在南美洲的物种——水豚进行了比较。这位年轻的解剖学家指出："我发现有一点十分有趣。在这片大陆上，这种现存的外形奇异的啮齿动物是很特别的，而在这里我们也理应能够发现一个早已灭绝的物种的大规模遗迹。"[18] 同样，他在描写长颈驼时指出，"在很大程度上，这种动物是一种过渡形式，表现出与貘和美洲驼相关联的特征"。[19] 也许正是这些表述使得达尔文去思考灭绝物种和现存物种之间的关系，以及它们之间存在相互关联的可能性。

对达尔文而言，无论从何种角度看，来自蓬塔阿尔塔和蒙特埃尔莫索的化石都具有十分重大的意义。在他的书中，他曾多次反复提到这个话题，即他是如何豁然开朗，发现在当下生活于某地区的物种与该地区所发现的化石物种之间是存在联系的。事实上，《物种起源》从第一行起就点明了这种关系："当我以博物学者的身份参加'贝格尔号'皇家军舰航游世界时，我曾在南美洲看到有关生物的地理分布以及现存生物和古代生物的地质关系的某些事实，这些事实深深地打动了我。正如本书以后各章所要论述的那样，这些事实似乎对于物种起源提出了一些说明——这个问题曾被我们最伟大的哲学家之一称为神秘而又神秘的。"①

此事最终的讽刺之处在于，欧文关于箭齿兽和后弓兽血统的

① ［英］达尔文 . 物种起源［M］. 周建人，叶笃庄，方宗熙，译 . 北京：商务印书馆，1997：15. ——编者注

认识是错误的。自他那个时代以来，更多的化石材料和更深入的调查都显示，无论是在南美洲还是在其他地方，这两个物种都没有任何现存的近亲属。箭齿兽根本不是啮齿类动物，而是属于一种叫作“南方有蹄目”的有蹄类哺乳动物，这种动物没有延续至今的近亲属。后弓兽也与美洲驼、骆驼或貘没有任何关系：它属于“滑距骨目”，即另一种已经灭绝的有蹄类动物种群，其中没有任何现今仍存活的成员。因此，达尔文对现存动物和灭绝动物之间关系的推论，部分建立于错误的假设之上。然而，毫无疑问，已经灭绝的大地懒与现今生活着的树懒有亲缘关系，雕齿兽与犰狳之间也存在亲缘关系。

灭绝并非一种局部现象

1832 年初，当“贝格尔号”在里约热内卢附近锚泊时，丹麦动物学家彼得·威廉·隆德（也是即将成名的古生物学家）在前往巴西东部定居途中也穿过了这座城市。这又是一位对自然史痴迷不已的前医学院学生，他起初只是研究和收集他所遇到的每一样东

P. W. 隆德的肖像

西，从蚂蚁、蜗牛，到鸟类。但在 1835 年，一次几乎是保罗启示那样的经历，使他转向了后来令其名声大噪的专业。在巴西圣湖镇周围的喀斯特地貌中，隆德发现了一系列非常壮观的洞穴，其中蕴藏着整个冰河时代所有巨型动物的骨骼化石。在之后的 8 年里，他一直在此地不停地发掘，总共发掘出不少于 20 000 块化石，并将它们运回了哥本哈根。在隆德发掘出的已经灭绝的史前动物中，不仅有乳齿象和其他达尔文从未遇到的物种，还有几种与达尔文在阿根廷所发现的完全相同的大地懒和雕齿兽。达尔文回到英国后，读到了已被翻译成英文的隆德的著述，他立刻就意识到这一点。很明显，达尔文发现的巨兽和雕齿兽化石，不可能是被一场地方性的灾难灭绝的物种遗迹——它们是整个大陆动物群的代表。一定是其他原因导致了它们的灭绝。

巨型动物种群

当我们的家庭预算仅有数千英镑或美元时，对于政客们口中动辄数百万甚或数十亿英镑或美元的天文数字，我们是很难了解其确切规模的。与此相似，人们同样难以把握地质学层面上的类似数字，所以也就难以恰如其分地将文献所描述的事件和现象归到原位。有时人们会产生一种模糊的印象，即所有的史前大型动物都是恐龙的一种，它们生活在同一时期。然而，巨型树懒和雕齿兽肯定不是恐龙，从地质学的时间角度来说，它们也就生活在距今一刹那之前，即仅仅在 1 万或 1.5 万年之前。换言之，它们与现代人类完全是同时代的产物，而不像恐龙，其最后的成员在 6 500 万年前就销声匿迹了。

在上一个冰河时代末期，南美洲的动物种群包括了今天已知的许多物种，但其中有大量物种现在已经灭绝了。除了几种雕齿兽和巨型树懒，还有长着锐利长犬牙的剑齿虎—— 一种叫作“剑乳齿象”的小型象，当然还有我们的朋友“箭齿兽”和“后弓兽属”。所有这些大型哺乳类动物都属于我们现在所称的“巨型动物”：即大型或超大型动物，以前不仅在南美洲被发现，而且在世界各地也都被发现。在巨型树懒和雕齿兽栖息于南美洲的同一时期，猛犸象、爱尔兰麋、披毛犀、洞熊和草原野牛生活在欧洲。在澳大利亚，有巨型袋鼠和巨型树袋熊。北美是猛犸象、乳齿象、美洲狮和剑齿虎的家园。非洲是个例外，那里的热带大草原上至今仍然有巨型动物在奔跑，不过那也只是这种巨型动物种群的微不足道的幸存者而已。如今，北美最大的陆地动物是野牛，欧洲最大的动物是麋鹿①。

在世界的大部分地区，这种巨型动物群曾经与人类同生共存，隆德首次证实了这一点。1843 年，当他在圣湖镇洞穴的最底层进行挖掘时，他发现了 30 个人类头骨及与史前动物骨骼混在一起的其他骨头，这引起了他的好奇心。推论显而易见：早在欧洲人到来

① 因衡量标准不同，此说法恐有争议，作者意为从重量上衡量，欧洲最大的动物是麋鹿。——编者注

之前，人类就已经在南美洲定居，并且与已经灭绝的巨型动物群共存。显然，这一发现也与居维叶的灾变论相矛盾，尽管隆德本人从未对此发表评论。

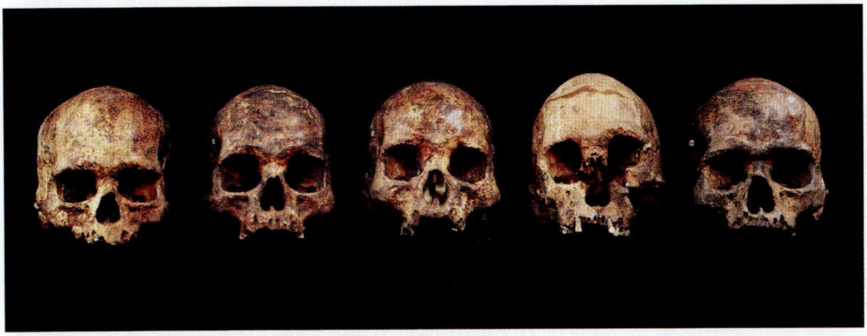

P. W. 隆德在巴西的山洞中发现了一些人类头骨
玛雅·西奥多拉奇摄。

在尚未成为热门话题很久之前，隆德的发现就触及了一个迄今为止仍被讨论的问题——巨型动物种群的灭绝是人类的错，还是基于其他因素，比如气候变化？澳大利亚弗林德斯大学的加文·普里多坚定地认为，他在澳大利亚所做的研究表明，那里的巨型动物种群在过去50万年里相对稳定。由于阶段性的气候变化，巨型动物种群数量确曾产生波动，但随后又趋于稳定，而不是灭绝。普里多将他的研究结果与来自北美的相应数据进行了比较，进而指出："这些文献记录表明，在人类到来之前，这两个大洲的哺乳类动物种群都很好地适应了第四纪的气候变化。"[20] 这意味着人类才是巨型动物消失的根本原因，尤其是当这种灭绝一再出现在人类殖民某地区后的几千甚至几百年之内时。这可能是狩猎的直接结果，也可能是灌木丛和森林火灾引起的栖息地变化，抑或是两者共同作用的结果。然而，事情并未到此结束，围绕史前人类的活动究竟是动物种群灭绝的主要原因，还是仅仅是一个促成因素，科学界仍在激烈争论。

今天的化石遗址

众所周知，人类对自然环境的影响并未停止。达尔文曾发掘出化石宝藏的蓬塔阿尔塔的低崖已经被夷为平地，埋在了贝尔格拉诺港海军基地周围的停车场和草坪之下。在蒙特埃尔莫索，人们已经无法找到达尔文当年发掘化石的确切地点，因为持续的侵蚀不断将新的岩层暴露出来。然而，人们在该地区还能发现大量的化石，阿根廷古生物学家仍在那里工作。最近，在悬崖下的海滩上，一系列完整的史前动物——包括大地懒属——的脚印化石被发现。在巨型树懒的脚印中，你还可以看到属于已经灭绝的后弓兽和雕齿兽的较小脚印。在史前时代，这里曾经是一个繁盛热闹的地方，不过现在依然如斯：在整个漫长夏季，已灭绝的大型动物在一万年前留下的足迹，正在被更现代的痕迹抹去，四轮驱动的越野车在海滩上呼啸而过，丝毫也不会顾及这里的历史。

蒙得维的亚（乌拉圭）周边风光

康拉德·马滕斯所绘水彩画，剑桥大学图书馆藏。

第4章

群岛新发现

“我差不多快要变成高乔牛仔了，我喝马黛茶，抽雪茄烟，然后舒舒服服地躺在天幕下，就好像躺在羽绒床上。”

图片见《“贝格尔号”航行之动物学》。

在“贝格尔号”漫长的航行中，达尔文曾多次遇到一个问题，而就是这个问题在多年之后引领他进入了认识物种进化的另一个重要领域：为什么某些物种会在某个地理区域被发现，而与之相似但又略有不同的物种却往往居住在另一个邻近区域呢？幸运的是，对达尔文来说，菲茨罗伊是一个做事彻底的人，菲茨罗伊非常认真地对待测量南美洲海岸线的任务。这给达尔文提供了大量的机会，让他可以在陆地上花大把的时间来探索任何他感兴趣的地方特色。他经常会租用甚至买下一匹马来做长途旅行，和阿根廷的高乔牛仔们一起在辽阔的潘帕斯草原上策马驰骋。

对于总是把达尔文想象成一个留着长长的白胡子、神情严肃的老人的那些人来说，现在可是想象一下达尔文别样形象的好机会。年轻时的达尔文更像是19世纪的“夺宝奇兵”印第安纳·琼斯：高挑、精干、结实，随时准备好日复一日地爬山或骑马旅行。他开心地打猎，把射来的野味当作晚餐，在篝火上将其烤熟，然后睡在繁星熠熠的旷野上。他在给家里的信中志得意满地写道：“我差不多快要变成高乔牛仔了，我喝马黛茶，抽雪茄烟，然后舒舒服服地躺在天幕下，就好像躺在羽绒床上。”[1] 达尔文也许并没有完全掌握高乔人的本事，但他肯定不惧怕去尝试。有一次，他试着使用牧人的套牛绳，结果却把自己的马给套住不能动了。“高乔牛仔们放声狂笑，”达尔文坦言，“他们高喊：他们见过各种动物被人套住，可还从来没见过人被自己套住。”[2]

正是高乔人引起了达尔文对一种稀有鸟类的注意，这种鸟与他们经常猎食的不会飞的美洲鸵鸟非常相似。他们把这种鸟叫作“Avestruz petise”（西班牙语：小鸵鸟），它比普通美洲鸵鸟体形更小、颜色更深，羽毛一直垂到腿上。达尔文花了很长时间寻找这种鸟，但一无所获。不过，他最终还是找到了：那是圣诞前夜，就在“贝格尔号”上，不过它已经在锅里被炖熟了。其实，他事先就听说有一个船员射杀了一只鸟，他甚至也瞥见了那只死鸟，可惜他竟然没有注意。吃过饭，他才想起来，他盘子里的肉可能就是他非常渴望找来做标本的那只“Avestruz petise”。达尔文及时保住了那只鸟的头、颈、腿、皮肤和羽毛，并将之运回英国给亨斯洛。[3]

高乔人是对的，这是一种不同品种的美洲鸵。为了对此次航海中获得的所有鸟类标本进行研究，达尔文聘请了著名的鸟类学家约翰·古尔德，古尔德起初将这种鸟命名为“达尔文鸵”（Rhea darwinii）。然而，这种鸟其实早已经有了一个拉丁语名字，即人们今天所知道的名称——美洲鸵（Rhea pennata）。达尔文生怕巴黎博物馆派出的使者会抢在他前面搞到所有那些令人兴奋的标本，他的担心并非空穴来风：阿尔西德·德奥尔比尼就已经逮到一个标本，并且正式为其命名——这当然是他的权利。然而，这两位博物学家之间后来却表现出极大的相互尊重，正是德奥尔比尼给这个古尔德根据达尔文从烧菜锅里抢下来的鸵鸟残余，将这种体形较小的美洲鸵鸟命名为“达尔文鸵”（Rhea darwinii）。后来经证实，与达尔文同时在南美洲收集动植物标本的德奥尔比尼率先发现了这个物种。因此，它今天被称为“小美洲鸵”，或“美洲小鸵”

见《“贝格尔号”航行之动物学》第 3 章飞禽类（1838—1841），约翰·古尔德绘。

亚种的美洲鸵鸟取了一个在英语中被沿用至今的通用名称——“达尔文鸵”（Darwin’s rhea），以示他对这位竞争对手的敬意。

大部分达尔文美洲鸵生活在较其体形更大的近亲美洲鸵鸟分布带的南边。当达尔文听说这种鸵鸟的时候，他正好位于这两种鸵鸟分布带重叠的地区。但是，分清这两种美洲鸵鸟只是达尔文日后将面临的甄别相似物种难题的一个前奏而已。而下一次，此类问题就真的很严重了，那是在 1835 年，继在南美洲海岸航行三年半之后，“贝格尔号”朝着太平洋进发，来到了加拉帕戈斯群岛。

加拉帕戈斯群岛

在当今大多数人的心里，达尔文与加拉帕戈斯群岛独特的动植物的相遇，可能是与其进化论发展最有关联的事件。然而，遗憾的是，达尔文在 1835 年 9 月 18 日登上查塔姆岛时，他自己并没有意识到这一点。他一直急切地期望早点儿赶到那里，但主要还是因为这意味着他终于踏上了归途。在从南美洲寄回英国的最后一封家书中，他毫不掩饰地说，这次航海对他来说时间拖得太长了，所以，当他在利马看到一艘即将驶往英国的货船时，他恨不得弃舰跳帮。[4]

然而，达尔文对能到加拉帕戈斯群岛走一遭感到高兴，其实还另有缘由：他知道加拉帕戈斯群岛最早起源于火山喷发，因此他认为那里的地质会很有意思。他在从利马写给家里的信中说：“我对加拉帕戈斯群岛充满期待，我对这里的兴趣超过了对此次航海中的其他任何地方的兴趣。那里有许多活火山，我相信其中一定含有第三纪岩层。”[5] 他并未指望在这里会有很多植物学上的新发现，但他却认定此地的动物生态肯定值得调研。就此而言，他当然是正确的，但这种认识只会很慢地显现出来。查塔姆岛完全不同于南美洲的绿色葱茏、枝繁叶茂的森林：“乍一望去，它简直一点儿也不吸引人。在铺满破碎的黑色玄武质熔岩的大地上，到处都是矮小的灌木丛，几乎没有生命的迹象。”[6]

达尔文在炎热的天气里艰难地四处行走，尽职尽责地收集植

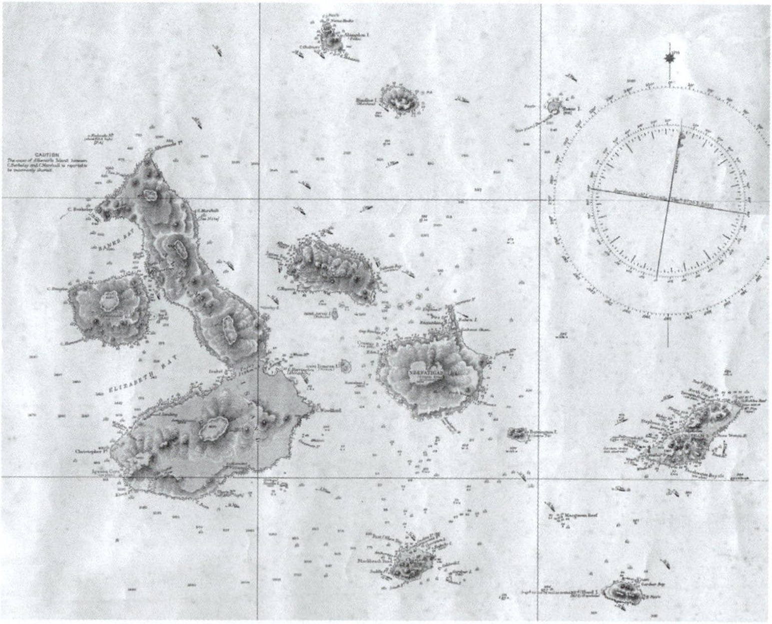

加拉帕戈斯群岛地图

见《“贝格尔号”菲茨罗伊舰长及军官们所测绘的加拉帕戈斯群岛》插图。

物和动物标本，但他显然没有多少热情。然而，他却被岛上温顺的野生动物迷住了，这其中包括一只鹰，他可以用枪托将它推来推去。而其他动物，他也是仅凭双手就可以捉起来，就像达尔文造访另一座岛屿时，一只可怜的海鬣蜥所经历的那样："有一天，我把一只海鬣蜥带到退潮后留下的一个深水坑边。我好几次把它远远地扔出去，可它总是照原路直线返回我站立的地方。"[7]

达尔文在群岛上收集了大量不同种类的鸟类标本，但它们大都没怎么真正引起他的注意。比如著名的加拉帕戈斯地雀，后人

达尔文在加拉帕戈斯群岛与一只巨型海龟走在一起

梅雷迪斯·纽金特所绘插图。

将之与达尔文的名字和进化论紧密联系在一起，但达尔文自己在日记中却很少提及它。10 月 1 日，船员们在阿尔伯马尔岛上岸寻找饮用水，但所获甚微。“令我们失望的是，砂岩中的那些小坑里只有不到一加仑[①]的水，而且水质不好。”达尔文后来在他的航海日志中写道，“不过，这些水足以将这一带野外所有的小鸟吸引过来。鸽子和雀鸟都成群结队地围着水坑飞翔。”[8] 这就是他当时提到加拉帕戈斯地雀的所有内容。

“贝格尔号”在加拉帕戈斯群岛停留了一个月，然后驶向塔希提岛。达尔文在舱室里开始仔细检查从各个岛上收集来的动植物标本，他发现这些鸟儿比他原先想象的更有趣。但引起他注意的并不是加拉帕戈斯地雀，而是一些嘲鸫，他第一次见到这种鸟类是在南美洲。他曾从四个不同的岛上收集嘲鸫，现在他发现嘲鸫竟然有四种不同的类型，尽管它们都生活在非常相似的自然条件下。

突然，他想起来，在“贝格尔号”的漫长航海途中，此前他也遇到过一次这种现象。在马尔维纳斯群岛（英国人称“福克兰群岛”），做事认真负责的菲茨罗伊自然也要进行测绘作业，而达尔文就在这里遇到了土生土长的福克兰群岛狼。像这些最近才有人类居住的岛屿上的其他动物一样，外形如狐狸一样的狼也非常好奇，而且它们什么也不怕，以至于高乔人只要一手拿肉、一手拿刀去引诱它们，就能把它们杀掉。达尔文完全有理由担忧，这种天真幼

---

① 1 加仑约为 3.8 升。——编者注

达尔文在马尔维纳斯群岛遇到的现已灭绝的福克兰群岛狼

见《“贝格尔号”航行之动物学》第 2 章哺乳类（1838—1839），乔治 · R. 沃特豪斯绘。

在智利捕获的蝙蝠

见《“贝格尔号”航行之动物学》第 2 章哺乳类（1838—1839），乔治 · R. 沃特豪斯绘。

稚的信任会很快导致福克兰群岛狼遭遇与已灭绝的渡渡鸟①一样的厄运。一语成谶，最后一只福克兰群岛狼于1876年死亡。[9]尽管如此，“贝格尔号”最终还是带回了四个狼的标本，达尔文据此记载：这种动物是马尔维纳斯群岛独有的，它与美洲大陆上被发现的任何犬科动物都没有丝毫关系。此外，他还在一份报告中记录说，西马尔维纳斯群岛和东马尔维纳斯群岛各有自己的狼种，据说东马尔维纳斯群岛的狼种体形较大，毛色较深。[10]

达尔文关于进化的最初想法?

加拉帕戈斯群岛的英国副总督尼古拉斯·劳森曾对“贝格尔号”船员夸口说，只要看一眼龟壳，他就能分辨出一只巨型陆龟属于哪个岛屿。[11]而现在却轮到达尔文来分辨这些嘲鸫！达尔文对嘲鸫进行了深入的思考，他非常谨慎地在笔记本上写下了第一个条目，或许这表明他在某个方面已经走上了正轨。“我有四个较大岛屿上的嘲鸫标本，来自查塔姆岛和阿尔伯马尔岛的标本看起来完全一样，但另外两个岛的就不同了。在每一个岛上，每一种业经被发现的嘲鸫都是独一无二的，它们的习性并无差异。”达尔文以其一贯的风格，通过继续列举他已经了解的所有变异例子，慢慢地积累起证

① 渡渡鸟，仅产于印度洋毛里求斯岛上的一种不会飞的鸟，于1681年灭绝。——编者注

加拉帕戈斯群岛嘲鸫

见《“贝格尔号”航行之动物学》第3章飞禽类（1838—1841），约翰·古尔德绘。

据：“我回想起来，仅凭乌龟的身体形状、鳞片形状及个头儿，西班牙人就能说出任何一只乌龟来自哪个岛。而当我看到这些彼此相望的岛屿，岛上的动物种类极为有限，基本上就只有这些嘲鸫在岛上栖居，尽管它们的身体结构略有不同，但它们在自然界中占据着同样的位置时，我便只能怀疑它们只是某种变种而已。据我所知，唯一与此相似的案例，就是东、西马尔维纳斯群岛上像狐狸一样的狼，这两个种群之间的差异一直在不断被确认。”他建议应在这里寻找进一步的证据，并最终指出，物种之间的这种奇特现象不一定是某种固定的、天生的和亘古不变的东西："如果这些结论有哪怕再微不足道的根据，那么群岛动物学也都是非常值得研究的，因为这些事实会打破所谓'物种稳定性'的说法。"[12]

在有关达尔文的书中，最后这一句话经常被引用和讨论。是否就是在这里，达尔文第一次萌生了对于物种是否可以进化的思考？当时对于不同地区存在不同动植物的解释之一，就是它们属于不同的"造物中心"。类似群岛这样的地区,也被认为是一个"造物中心"，那里有可能发生某种程度的变化或偏离正常的情况。莱尔是这个观点的代言人之一，因此达尔文当然非常熟悉这个观点。莱尔曾在《地质学原理》一书中提出，如果在靠近圣赫勒拿岛的地方出现了新的火山岛，那么植物就会向这些火山岛蔓延，并逐渐背离其原来的形态。[13]

达尔文当年写下这句话，其实就是打算与当时的主流解释进行争论，这句话提及的事实也许会打破物种稳定性的说法，但这一点却一直没有定论。然而，很明显，达尔文在我们今天所称的"生物地理学"问题上的缠斗，在其后来建立的一以贯之的物种起源理论的发展过程中，确实发挥过极大的作用。他亲眼看到，他在岛屿上发现的物种，往往不同于他在相距最近的大陆上发现的物种。他由此推断，在不同地理区域里的动物（以及植物）的分布并不是偶然的，相反，它是由一系列不同的因素造成的。几年后，他在笔记本上勾勒出这样一个想法，即动物中出现的这种分离和变异，极有可能导致变化发生——显然他心里联想到了阿根廷的美洲鸵鸟。"在我看来，那两种鸵鸟就是此种变化可能发生的有力证据，正如我们所见到的它们在空间上的变化，在时间上或许亦是如此。”[14]

岛屿动植物种群

达尔文已经注意到，加拉帕戈斯群岛的动物群与他所知道的生息在大陆的动物群非常不同。尤其明显的是，岛上根本没有哺乳动物，关于这一特点，他在整个航程中的其他海岛上也曾观察到。同样明显的是，鬣蜥和陆龟是加拉帕戈斯群岛特有的。直到后来他才意识到，大多数鸟类和植物的分布也是如此。

达尔文在加拉帕戈斯群岛、新西兰及塔希提岛上观察到的这一现象，其实是海岛的一个普遍特征。许多岛屿的物种都是该岛独有的，这意味着在世界其他地方找不到这些物种。岛屿上特有物种的比例，要高于与之面积相当的大陆地区的特有物种比例。岛屿或群岛越大，离大陆越远，其特有物种所占比例也就越大。在夏威夷，所有被发现物种的 90% 都是当地特有的，而夏威夷同其周边任何一个大陆都相距甚远。同样典型的是，栖息于海岛附近大陆上的许多哺乳动物，在那些岛上根本不存在。海岛上最常见的哺乳动物是蝙蝠，因为它们可以飞到那里。而其他哺乳动物种群，如掠食动物，则经常完全不见踪影。这也解释了岛上的鸟类和其他较大的动物往往非常信任人类并显得很温顺的原因。

今天，岛屿仍然像达尔文时代一样吸引着自然历史学家和生物学家。对加拉帕戈斯群岛和其他岛屿的现代研究表明，动植物在岛屿上的进化速度要快于在大陆的进化速度，也可以说，其进化速率更高。[15]其中一个因素影响较大，即岛屿上的物种类目范围更为有限。在竞争较小的情况下，一个物种可以利用岛屿上的开放性，而这一点在所有生态区位都已被适应环境的物种覆盖的区域是不存在的。

岛屿上的进化还有其他更加令人惊讶的结果。例如，与在大陆上的近亲相比，许多岛屿物种的体形不是大得多，就是小得多。根据所谓的“岛屿法则”，物种体形的大小往往依赖其环境中的现成资源。大型哺乳动物若发现自己所在的岛屿草场面积有限，其体形就会随着时间的推移逐渐变小；而由于没有掠食者，那些在大陆上原本只能被捕食的小型哺乳动物的体形则可能会变大。从西西里岛发现的骸骨中我们知道，那里存在过只有鹿那么大的矮象[16]；里特岛、塞浦路斯、马耳他和西西里岛都是史前时期倭河马的家园。[17]另外，不会飞的巨型鸟类曾经在一些岛屿上繁盛。马达加斯加是其中体形最大的象鸟的栖息地，象鸟身高有 3 米，体重与一头中等大小的公牛相当，象鸟可能一直存活到了 18 世纪。与此同时，在 14 世纪初人类来到之前，新西兰有很多相似的恐鸟，它们几乎不受掠食者的侵扰。在恐鸟于 15 世纪中叶灭绝之前，新西兰的两个岛屿上至少生活着 10 个种类的恐鸟，其中最大的比象鸟还要高，但体重不如象鸟。

象鸟、恐鸟、毛里求斯的渡渡鸟，以及无数其他鸟类和动物，不仅全都体形庞大，而且已经全部灭绝，这是岛屿物种的共同结局。没有与生俱来的对人类的恐惧，加之缺乏适应能力来应对外来物

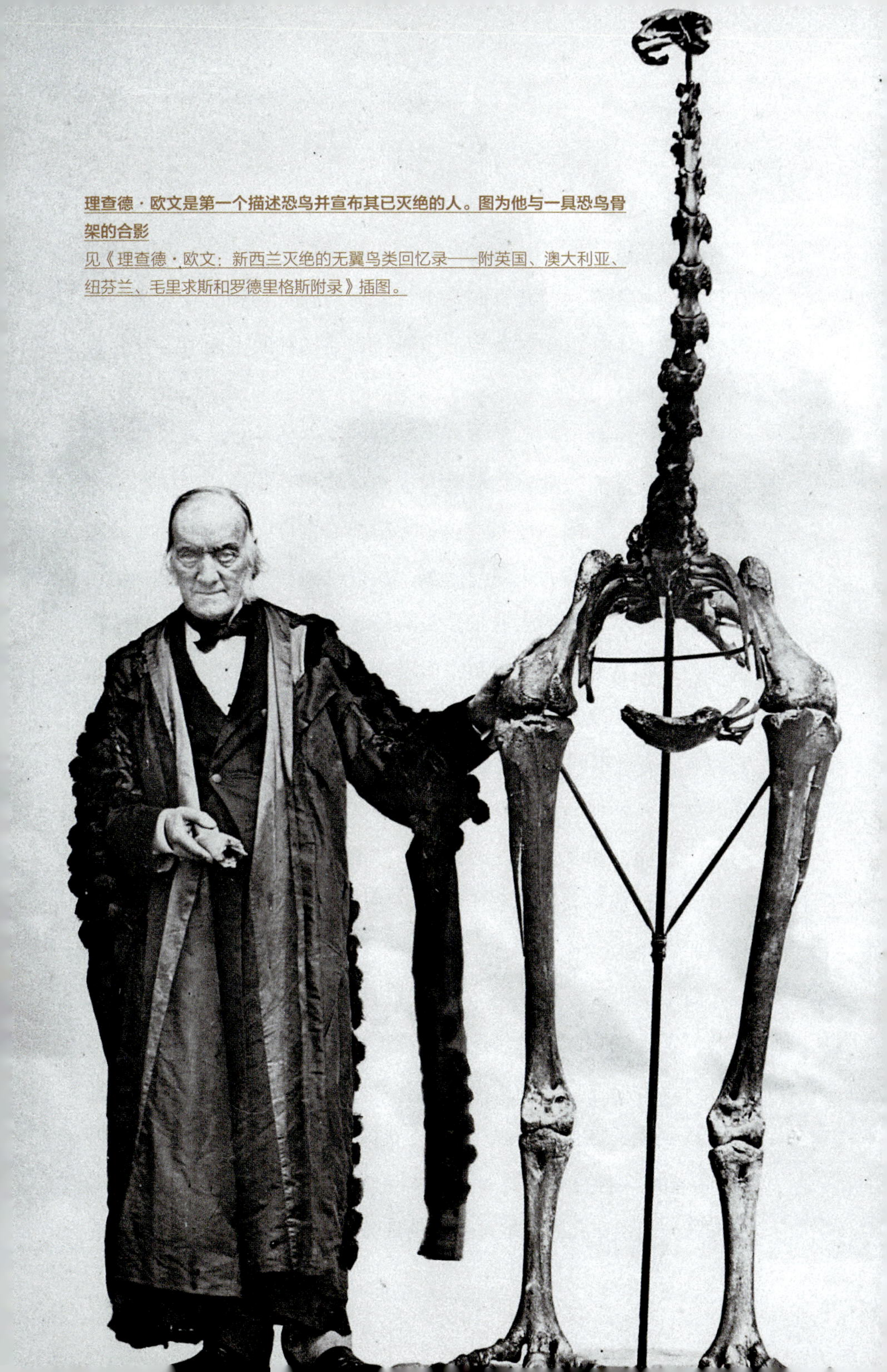

理查德·欧文是第一个描述恐鸟并宣布其已灭绝的人。图为他与一具恐鸟骨架的合影

见《理查德·欧文：新西兰灭绝的无翼鸟类回忆录——附英国、澳大利亚、纽芬兰、毛里求斯和罗德里格斯附录》插图。

种，如老鼠、猪、羊、狗、猫，这对于岛屿特有物种简直就是灾难。而且，在岛屿物种繁衍至今的那些地方，这仍旧是一个主要问题。在过去的几百年间，几百到几千种的岛屿独特物种已经灭绝。在大多数情况下，人类对岛屿的殖民与当地物种的迅速消失也有着明显的联系。

从进化生物学的角度来看，岛屿不仅仅是一片被海洋包围的陆地。任何能有效地将动植物与周围环境相隔绝的地理区域，都可以发挥出和岛屿一样的作用。大型湖泊也可以有其独特的动物群，其中包括东非的坦噶尼喀湖、马拉维湖和维多利亚湖。在这里，数千种不同种类的慈鲷在相对较短的时间内进化。慈鲷是在世界各地都有分布的淡水鱼，但没有哪个地方的种类像东非这几个大湖的那样多。仅在维多利亚湖，不同种类的慈鲷就有数百种，它们有着完全不同的生活方式：有些专食藻类，有些专食淡水蜗牛，还有些则以其他鱼类为食，更有一些甚至以啃食其他鱼类的鳞片为生。然而，和真正的岛屿一样，湖泊的生态系统非常脆弱。自尼罗河鲈鱼被引入维多利亚湖后，数以百计的慈鲷物种要么被消灭，要么濒临灭绝。

高山也可以发挥生物岛屿的效应。在这里，许多动植物可以在与周围地区相隔绝的情况下生长，这往往会带来更大的物种多样性。坦桑尼亚东部的弧形山脉就是这样一个生物学热点，也是物种数量最多的地区之一。在此地 2 000 平方千米的范围内，可以找到 1 500 多种特有植物和 121 种特有脊椎动物，每平方千米土地上的物种平均数几乎比地球上任何地方的都多。[18] 此地一直有新的物种被发现和描述，甚至就在 2008 年，还有一种不同寻常的疑似哺乳动物新物种被发现了。灰脸象鼩属于哺乳动物，它所属的动物种类以前被称为象鼩（elephant shrew），但新发现的这种象鼩的个头比其他任何象鼩都要大得多，实际上，它几乎和小狗一样大。由于生活在高山上的茂密森林里，所以尽管这种灰脸象鼩体形庞大，但它们一直未被人们发现，直到来此地考察的科学家设置了摄像头，它们的踪迹才被发现。在这个令人振奋的地区，幸运的生物学家几乎每天都能发现爬行动物、两栖动物、鸟类和植物的新物种。

阿尔弗雷德·华莱士

达尔文在蓬塔阿尔塔发掘化石时，他一开始认为他带回“贝格尔号”的那个巨大头盖骨属于某种犀牛。后来，他了解到这实际上是一种巨型树懒，而且它与当代南美洲树懒有关联，于是他开始发现各个大陆间物种分布的一些模式。在如此大的范围内，某些动物群体（如树懒和犰狳同属其中的贫齿目）显然一直只属于南美洲，而从未在其他地方存在。结合其地质知识及对于岛屿如何发展其独有动物群的理解，达尔文想知道，澳新大陆上的奇异动物群是否就是这片南半球大陆与其他大陆长久分开的见证。根据他在 1837 年所做的记录，达尔文甚至意识到，如果确实如此，这些有袋类动物或其祖先早在那里还没有其他哺乳动物存在的时候就已经与世隔绝了！[19]

到了晚年，达尔文与另一个人有了戏剧性的交集，此人一直在研究这些相同的模式，并用来为自己的物种起源和进化理论辩护。他和达尔文齐头并进地发展了自己的理论，尽管两人都不了解对方对这个课题的兴趣。阿尔弗雷德·华莱士出生于威尔士，其家庭背景不如达尔文的那么稳定和享有特权。当达尔文还在绕着加拉帕戈斯群岛航行时，华莱士只有 12 岁。他基本上靠自学成才，他父母只能供他上几年的学，并在他 14 岁那年把他送到一位土地测量师门下当了学徒。华莱士有一次被他收集的甲虫咬了一口，于是他便渴望成为一名博物学家和探险家。1848 年，他出发前往巴西，开始了他的第一次重大远征，他期望通过收集标本并将标本带回欧洲出售来养活自己。华莱士在内格罗河流域待了四年，他注意到宽阔的亚马孙河系是某些哺乳动物繁衍传播的有效屏障。某些种类的猴子只能在河的这一侧被找到，而在河的对岸生存的却完全是另一些种类的猴子。然而，在靠近河流源头的地方，河面往往狭窄到可以蹚水而过，于是就出现了物种混杂的情况，这说明他们并不是不能同生共存。

华莱士 30 多岁时住在马来西亚和印度尼西亚，在那里，他再次观察到，相邻地区的动植物分布存在显著差异。他发现，离马来西亚最近的岛屿上的动物群与离新几内亚岛和澳大利亚最近的岛屿上的动物群之间的差异尤其明显。在相邻的岛屿上，他竟然发现了两种完全不同的动物，而这些岛屿在某些点上相距仅 20 英里。华莱士在一张图上标出了动物的分布情况，并画了一条物种变化的分界线。该线的西面是著名的亚洲哺乳动物，如猴子、犀牛和老虎；东面则是有袋类动物，如袋鼠、树袋鼠和负鼠。“我认为（边界线）西侧是亚洲大陆分离出的一部分，”他在1858年的一封信中写道，“而东侧（则是）原太平洋大陆的零碎延伸。”[20]

这条线后来被称为“华莱士线”，以表彰他在今天被称作“生物地理学”的这一领域中的开创性贡献。华莱士本人对于发现这一物种分界线基本上是满意的，但他却无法解释这是如何产生的。在那个时候，还没有关于相互分离的大陆或许在以前是连成一片的这一现象的科学解释。根据最流行的说法，大陆之间（以及大陆和岛

阿尔弗雷德·华莱士

屿之间）曾经存在着以陆桥为形式的联系。这些陆桥最终沉入了大海，但不同地理区域仍然共有的动植物表明，这些陆桥确实存在过。

华莱士于 1913 年去世，享年 90 岁。假如他再多活几年，他就能听到一个新的理论，这个理论能帮助他解释这条线。1915 年，阿尔弗雷德·魏格纳的《海陆的起源》（*The Origin of Continents and Oceans*）一书出版了，他在书中提出了“大陆漂移”的概念。他指出，所有的大陆最初都是一个单一超级大陆的一部分，后来他把这个超级大陆称为“泛大陆”。从此，这一理论彻底改变了我们对地球的认识，并为解决许多以前令人困惑的动植物地理分布问题做出了贡献。

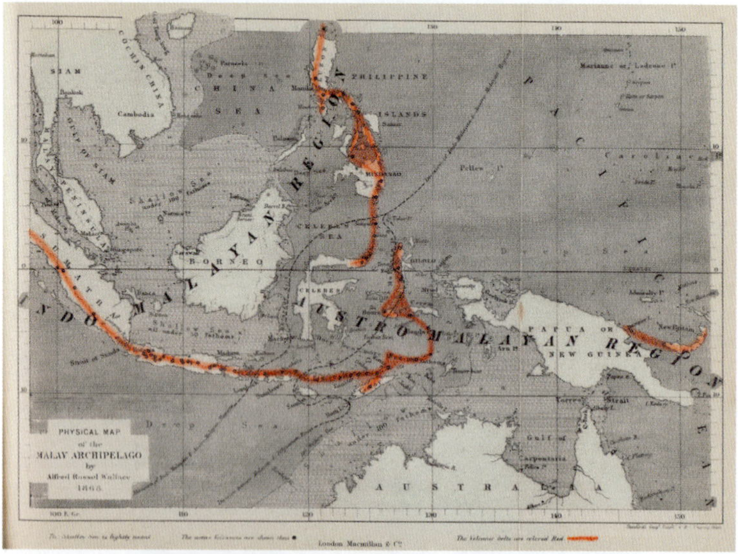

标有“华莱士线”的地图

红色表示火山带，摘自阿尔弗雷德·拉塞尔·华莱士于 1868 年绘制的马来群岛自然地图。

创新思想家往往不被同时代的人认可，这也是魏格纳的命运。由于或多或少受到同行科学家的嘲笑，他一直很难获得学术职位。其中一个问题是，他无法提出任何机制来解释大陆漂移说。结果，直到 20 世纪 60 年代发现了板块构造，他的观点才被普遍接受。而那时，魏格纳已经在考察格陵兰冰盖的一次探险中去世。

现在，我们都知道魏格纳关于泛大陆的观点是正确的。超级大陆由侏罗纪开始的逐步分裂，解释了一直困扰达尔文的那个问题：为什么澳大利亚没有哺乳动物，而南美洲以外又没有树懒？简而言之，这两类动物种群都是在其所生存的大陆从泛大陆分裂出来之后才进化而来的。正如达尔文开始怀疑的那样，我们今天看到的动植物分布都可归结于它们从起源地向外扩散繁衍的历史。

达尔文意识到，他需要找到一种能让这种扩散或传播发生的机制。动植物究竟是如何到达遥远岛屿的？为此，他做了一系列简单的实验，看看种子到底有多大可能被传播到很远的地方。卷心菜和小萝卜在盐水中只存活了不到 14 天，但水芹、菠菜、燕麦和大麦都发芽了！[21] 有些品种，如芹菜和洋葱，甚至可以浸泡在盐水中长达数月，而且仍能发芽。与达尔文经常通信的美国同行阿萨·格雷也赞同这一发现："为何以前就没人想到去尝试这个实验，反而想当然地认为盐水会杀死种子呢？"[22] 还有一位同行建议对所有可能的种子进行大规模的研究，但达尔文对此已毫无兴趣。不管是什么样的种子活下来了，也不管它们是在什么地方活下来了，就达尔文实验的目的而言，其意义在于证明物种经海洋传播是有可能存活的。[23]

圣克鲁斯河。“贝格尔号”上的舰员探索了该地区

康拉德·马滕斯绘，剑桥大学图书馆藏。

第5章

相似却又迥异

"我感到非常震惊……每种动物的每一部分竟然都有某种程度的变异。当对许多个体的同一器官进行严格比较时，我总是能发现一些细微的变异。"

图片见《"贝格尔号"航行之动物学》

第5章爬行类（1842—1843），托马斯·贝尔绘。

1835年，“贝格尔号”离开了加拉帕戈斯群岛，但还要再过将近整整一年，达尔文才能回到家，因为在返航途中，他们还会去塔希提岛、波利尼西亚、澳大利亚和南非。即便这样，航程也还没有结束，离开南非之后，菲茨罗伊决定再返回巴西，以复核做过的一些测量数据。这个决定让达尔文几近绝望，这次远航的时间已经拖得太长了。在对巴西海岸进行了两周的重新测量之后，菲茨罗伊终于满意了。1836年10月2日，“贝格尔号”终于驶进了英国的一个港口。法尔茅斯是该舰归国后的第一停靠港，位于康沃尔。达尔文只收拾了一些生活必需品，就在第一时间抓住机会下了船，他归心似箭，渴望与家人团聚，也渴望再一次踏踏实实地重返陆地。“贝格尔号”则继续缓慢地沿着英吉利海峡向伦敦驶去。

回什鲁斯伯里的邮政马车在路上走了两天，等达尔文到家时，已经是深夜，家里人都上床睡觉了，他便也直接睡下了。一直到吃早饭的时候，他的归来才给了大家一个大大的惊喜。[1]全家人都很高兴，达尔文的妹妹凯瑟琳满意地注意到，在狂风骤雨中穿越比斯开湾的最后一段航程，证实达尔文根本就不喜欢海上航行。由此看来，他不会很快再出门去远航了。凯瑟琳对此很有信心，但她所预估的还是太保守了。事实上，达尔文再也不会离开英国海岸了。

现在，达尔文很高兴自己回到了家。在接下来的几周里，他马不停蹄地四处造访，参加晚宴，但很快就不得不面对家庭与事业的经典冲突。他明白，他的观察结果，尤其是他收集的标本，是他作为自然历史学家和科学家一举成名的机会，而在很大程度上，要成功就必须趁热打铁。所以，他回来后不久就动身前往伦敦，去为那些标本箱的后期处理做安排。除了事先已送到亨斯洛那里的，其他的所有木箱都还在“贝格尔号”上，达尔文希望该舰靠岸卸货的时候自己也在场。

达尔文已经和菲茨罗伊说好，他在此次航海中所记的日记要和菲茨罗伊自己的航海日志一同出版，但是他也需要仔细地观察和记录他收集的五花八门的大量标本的情况。在等待“贝格尔号”抵达的时候，达尔文匆匆往返于剑桥和伦敦之间，试图说服各个领域的合适专家来承担这些任务。达尔文本人将担任日后所有出版物的总编辑。

其中有些专家是经过精心挑选的（例如理查德·欧文，他迫不及待地想要研究来自蓬塔阿尔塔和蒙特埃尔莫索的骸骨化石），而另一些专家则可能是随机找来的。要找到有能力的专家来研究达尔文的发现，此事可并不像他所想的那么容易。伦敦所有的博物馆都积压了大批从世界各地运来的未开启的大木箱。除了莱尔和欧文,达尔文几乎再没遇到任何对他的动物标本感兴趣的人。此时，他给亨斯洛写了一封信：“依我看，指望有人肯接下观察所有标本这单活儿，哪怕就一分钟，也完全是奢望。很明显，收藏家的人数远远超过了真正的博物学家，以至于后者根本无暇他顾。”[2]

然而，在伦敦动物学会博物馆，达尔文找到了约翰·古尔德，此人对鸟类很感兴趣，他同意看一看这些标本。达尔文本人并不是鸟类专家，无论是在“贝格尔号”航行之前还是航行期间，他对鸟儿的主要兴趣都只是猎鸟或烹饪食之。在他移交的收藏品中，有一捆来自加拉帕戈斯群岛的不起眼的深褐色及黑色的鸣禽，标签上写着“莺类”“鹪鹩科”“黑鹂”“某种蜡嘴雀”。

加拉帕戈斯地雀

古尔德是一位自学成才的标本剥制师。在伦敦动物学会成立之初，他就成为该学会的第一任馆长和保管人。他是一个园丁的儿子，没有受过任何正规教育，但却是一位鸟类专家。没用多长时间，他就看出达尔文收集的鸟类中并没有蜡嘴雀、黑鹂或莺类。这些标本都是雀科鸣鸟，虽然它们的外表各不相同，尤其是其喙的形状不同，但毕竟都是雀科鸣鸟。此外，古尔德还向一脸惊诧的达尔文宣布，来自不同岛屿的雀科鸣鸟都是各自独立的物种，而并非如达尔文所假设的那样只是单一物种的变种。

“我怀疑达尔文会问，这些不同的雀科鸣鸟都来自哪些岛屿呢？”人们几乎能听到古尔德心中的疑惑。遗憾的是，达尔文不可能这么问，因为虽然他平常都非常细致入微，但他当时却没有费心去记下这些细节，要是他承认这个疏忽，那他一定会感到非常尴尬。所幸，“贝格尔号”上的其他人还没有这么粗心大意。菲茨罗伊和他的管家富勒，以及达尔文的仆人科温顿，都曾在加拉帕戈斯群岛上收集属于他们的私人标本，而且留下了很好的原产地记录。达尔文可以将他们的标本借来，与自己的标本进行比对。[3] 这样一来，古尔德便可以确定，那里曾出现一些非常有趣的物种形态。

达尔文在加拉帕戈斯群岛收集到的大部分鸟类，完全是新的物种，人们在世界其他地方都没有听说过它们。那四只嘲鸫（达尔文曾在“贝格尔号”上仔细观察过，并怀疑它们是同一物种的两个变种）原来代表着来自三个不同岛屿的三个不同物种，而第五只嘲鸫原本只是达尔文为已收集的某个物种标本留的备份，结果却是另一个独立的物种。

在所有被收集在“贝格尔号”上的标本中，总共有不少于 13 种的雀科鸣鸟。其中有三种雀是陆生物种，一种的喙较大，一种的喙为中等大小，还有一种的喙很小；有两种喙的大小不同的雀以仙人掌为食；然后就是三种树栖雀，它们同样有不同大小的喙；还有一种以树叶和花蕾为食的大喙雀；有一种雀会用其大喙叼着仙人掌的刺作为工具使用；还有一种则主要生活在红树林沼泽地；最后还有两种柳莺大小的雀，它们的喙小而尖。

对达尔文来说，最令他感到惊奇的或许就是，无论是嘲鸫还是雀科鸣鸟，它们在南美大陆上都有近亲。这当然与将加拉帕戈斯群岛视为“造物中心”的观念不相符。例如，达尔文在加拉帕

登上达尔文研究期刊封面的加拉帕戈斯群岛雀鸟。1835年达尔文在加拉帕戈斯群岛收集的四种嘲鸫中的三种

戈斯群岛上看到的许多古怪而奇妙的动植物，如海鬣蜥、巨龟和树菊属植物（属于菊科的一种小树），都非常契合这样一种理论，即它们是在这个地方专门被创造出来的，在其他任何地方都找不到它们的身影。然而，如果这就是进化，那么同样的原理也应该适用于嘲鸫和雀类，但事实显然并非如此。

尽管当初在岛上发现雀科鸣鸟时，达尔文可能对它们并没有什么深刻的印象，但他渐渐意识到，也许它们才是认识物种进化的关键。但在 1839 年出版的第一版航海游记中，达尔文还没有准备好走那么远，而仅仅是评论道："我对这个物种系列的某些成员被限定在各个不同的岛屿上这一点表示怀疑。因此，假设这个系列是分别在某一个岛上被创造出来的，它就不可能像现在这样呈现出如此完美的渐变层次。"乍听起来，这话好像有点儿意思，但还没等把话中之意说出来，达尔文就立刻又退了回去，而且他竟然还找了一个对于像这样长达 600 页的书来说绝不该有的蹩脚借口。"但本书根本没有多余的篇幅能让我对这个奇怪的话题展开讨论。"[4] 其实，在这个早期阶段，达尔文可能还没有充足的证据来提出他的进化论。

1845 年，达尔文在其新版的航海游记中变得稍微大胆了一点儿。各种雀类来自哪个岛屿不再是问题的核心。到此时为止，达尔文已经把这些雀类的许多不同类型的喙与它们不同的觅食策略联系了起来。"最奇怪的事实是，不同种类的地雀属的鸟喙存在着完美的大小递进层次，从锡嘴雀那样的大喙，到苍头燕雀那样的喙……甚至一直到莺那样小的喙……在一个不大的、相互关联密切的鸟类群体中，竟然也能见到这种结构上的渐进性和多样性。人们由此可能真的会认为，由于群岛上原本的鸟类非常稀少，因而有某种鸟类就被拿来进行了不同目的的改良。”[5]

“物种”的概念

那么，“物种”到底是什么？对这个概念，我们大多数人的理解都相当直接：大象就是大象，罂粟花就是罂粟花嘛。这听起来再简单不过，但其实，光是大象就已经够让我们挠头的了。尽管非洲象貌似非常容易被辨认，但它实际上有好多不同的类型。个头小得多的森林象长期以来一直被归类为亚种，它们的象牙更长、更细，耳朵也比草原大象更圆。然而，最近，美国和肯尼亚的研究人员深入茂密的雨林，采集大象血液样本进行了 DNA 检测。结果表明，这两种大象的基因差异非常大，我们完全有理由将它们视为两个独立的物种。[6]

另一个很好的例子就是叽喳柳莺和柳莺，它们是两个不同的物种，但看上去非常相似。即便你把它们同时托在手中做比较（很少有人会这么干），它们看起来也几乎一模一样。然而，如果你再听听它们的鸣叫声，那毫无疑问你一下子就能分清哪个是哪个。反之亦然，同一物种也可以有多种不同的形式，我们只消看看人类就能证实这一点。来自世界各地的人，在肤色、发色、身高和面部特征上可能极为不同，但我们都属于同一个物种。同一物种

一幅 1824 年版画上的两条抹香鲸。对自然历史学家来说，鲸鱼很难区分，因为人们只能偶尔在岸边沙滩上看到其浮肿的尸体

的雄性和雌性的外观也可以非常不同，以至于它们可能会被误认为是两个物种。自然历史学家最初将雄性抹香鲸和雌性抹香鲸进行分类时就出现了这种情况，这并不奇怪，因为雄性抹香鲸的体形大小是雌性抹香鲸的两倍多，而且雄性抹香鲸和雌性抹香鲸在一生中的大部分时间都彼此相隔甚远。[7]

自第一次尝试将大自然系统化以来，自然历史学家、分类学家和生物学家就一直在努力对物种进行区分和定义，并且对物种的几种定义进行了实验。当今使用最多的定义是由德国著名进化生物学家恩斯特·迈尔在 1942 年提出的，即如果两个生命体能够繁殖出可育后代，那么它们就同属一个物种。[8] 这是一个很可靠的定义，至少在大多数情况下都适用，尽管还有一点必须要说——此定义对动物比对植物、真菌或细菌更有用。根据这个定义，尽管腊肠犬和大丹犬的外表是那么不同，而且我们很可能永远也看不到它们的杂交后代，但我们还是可以确定所有的家养犬属于同一物种。然而，狮子和老虎则是另一回事。在野外，这两者很少有机会交配，但是在动物园被关在一起时，它们偶尔也会交配，有时甚至还会产下幼崽。不过，它们的任何能活到成年的后代都是不育的，因此狮子和老虎属于不同的物种。同样，马和驴的后代，无论是马骡还是驴骡，都可以是有用的驮畜，但它们对繁衍后代毫无用处。植物的情况就不同了，许多植物都能杂交，有些还会产生可育的后代，这使得区分植物物种的工作变得更加复杂。

对任何动物来说，找到物种对路的配偶是很重要的，否则，它进行交配就是在浪费时间，因为它不可能将基因传给它的下一代。动物（以及植物）发展出了复杂的机制，以确保它们能辨识出可以繁育后代的相配物种。就动物而言，它们通常会采用嗅觉、听觉或视觉信号向同类宣告，这里有潜在的配偶。对于植物来说，无论是蚂蚁、蝙蝠、蜜蜂、大黄蜂还是蜂鸟，都是它们特定的传粉者，而植物为适应传粉者而发生的特殊变化，则在确保有效受精方面发挥了相同的作用。

达尔文对辨别和区分不同物种的问题非常关注，但这不仅仅是因为他在 1846 年 2 月收到了最亲密的朋友和同事约瑟夫·道尔顿·胡克的一封信。达尔文曾要找一位能干的植物学家来研

约瑟夫·胡克是达尔文最亲密的同事和最好的朋友

究他从海外带回英国的植物，于是他就这样结识了胡克。年轻的胡克不仅游历甚广，而且是一位热心机敏的植物专家，这一点要归功于他从小在父亲身边的耳濡目染。其父当时是英国顶尖的植物学家，同时是英国皇家植物园邱园的园长（胡克后来在这两个方面都继承了他父亲的衣钵）。他热情地接受了达尔文的提议，开始研究达尔文在“贝格尔号”远航途中所收集来的各种植物，并很快与达尔文发展出一段热烈的终生友谊。他们经常通信，而且内容很长，主要是探讨植物，但时不时也会涉及更私人的话题。

有一次，在谈到火山岛特有的植物群时，胡克否定了一位法

达尔文在玻璃瓶中收藏的标本

国同行的观点。他的理由是，尽管那个法国人是一位很有能力的生理学家，人也相当好，但你很难把他对植物分类的观点真当回事儿，因为他毕竟“不是分类学家”。[9]胡克的这些话，让达尔文觉得像是被人重重地打了一拳，尽管胡克的本意肯定不是这样的。达尔文心里明白，那位法国同行并不是唯一一个没有详细研究分类学的人，他本人也曾读万卷书，行万里路，但在物种分类方面却没有扎实的基础。这封来信似乎是一个促成因素，使得达尔文下决心投身于一个很小却又未被注意的动物种群——海洋藤壶的研究，而该种群的分类界定尚十分浅陋。表面看起来，这些动物像软体动物，如贻贝，但其实它们是节肢动物，与螃蟹和龙虾的关系更密切些。对它们的研究耗费了达尔文 8 年多的时间。他的理由是，等他最终要发表关于物种进化的理论时，他已经对藤壶进行了如此详尽且深入的研究，所以没有人能说他不知道物种为何物。

在研究之初，达尔文肯定不知道自己会被藤壶吸引到什么程度。但是，他在显微镜下解剖了成千上万只这种微型生物，长年累月的辛苦付出还是值得的。当他的四卷本专著《蔓足亚纲》（*Cirrepedia*）问世时，他已经有了亲自动手的实践经验，并对新兴的系统学领域的最新发展有了理论上的深入理解。此外，达尔文写的关于藤壶的最后的文字，至今仍是有价值的参考著述，受到了科学出版界的好评，也巩固了他作为一个严肃的科学家而不仅仅是业余爱好者的声誉。

图中蜗牛都属于同一物种，都是在同一地区采集的，但是它们在颜色和形状上却有很大的不同

物种的多样性

对藤壶标本所做的研究和比较，使达尔文对通常影响物种进化的诸多因素有了一些关键性的见解。他遇到不止一次的一个问题就是物种内部变异。“我感到非常震惊，”他在给胡克的信中写道，“每种动物的每一部分竟然都有某种程度的变异。当对许多个体的同一器官进行严格比较时，我总是能发现一些细微的变异。因此，以细微的差异来判定物种总是危险的。”[10]

对于同一物种的成员之间在各个层次上都存在变异的认识，是达尔文为诠释物种起源而构建的拼图中的重要一块。在达尔文的一生中，他不可能完全解释清楚这些变异是如何产生的，但变异的确发生了，这一点已足够清楚。没有两棵橡树是一样的，每一只蜗牛的壳都是不同的，如果你仔细观察，会发现，甚至连蚯蚓也是各有各样。凡是有孩子或者兄弟姐妹的人，都可以很容易地观察到，即便是同父同母，其后代之间也会有很大的差异。有的会更高或更矮；有的会更结实或更苗条；有的眼睛是蓝色的，有的眼睛是棕色的；有的对数学情有独钟；有的则拥有美妙的歌喉。

同父同母的情况下，怎么会有这么大的差异呢？有一种显而易见的解释是：并不是所有的特征都可以归因于遗传，养育无疑也起着一定的作用。例如，身高和体重在一定程度上取决于生活条件，包括食物的摄入量。然而，对于眼睛的颜色或者由父母那里继承而来并与养育无关的其他特征，就不能这样解释了。如果兄弟姐妹不能从相同的父母那里继承完全相同的特性，那么每个卵细胞或精子细胞的遗传内容就必定不同于本人的其他细胞和父母的细胞的遗传内容。

得益于 19 世纪末期之前的研究成果，我们现在已经知道，卵细胞和精子细胞（配子）是通过一种被称为“减数分裂”（meiosis）的特殊的细胞分裂过程产生的。染色体在此过程中会分裂成两组，它们通常成对出现，携带着指导生物体如何发展的遗传指令。这意味着生殖细胞或配子只包含每一对染色体中的一个。因此，当它们在受精过程中与来自另一亲本的对象细胞结合在一起时，染色体的正常数量就会恢复，而来自父母双方的遗传物质则有助于后代的形成。然而，对于有性繁殖方面的意义远不止于此。在减数分裂的初始阶段，串状染色体会成对聚集在一起，而且经常在某些点有交叉。在这些点上，他们可以进行部分交换。因此，一串染色体中的一条染色体可以与另一串染色体中的一条类似染色体进行互换。交叉互换意味着，在有性繁殖的生物体中，生殖细胞的染色体已经不同于身体所有其他细胞的染色体。这些所谓的“重组染色体”包含新的和独特的基因组合，这是遗传变异的根源。如果没有这个过程,同父母的所有孩子的基因都应该是一样的。当受精发生时，来自父母双方的染色体——包括一些发生交叉的重组染色体——再次配对，形成一个独特的新个体的遗传蓝图，而该新个体具有独一无二的遗传组成。

达尔文培植自己的人脉

1837 年 3 月，达尔文搬到了伦敦，他很高兴能参与首都密集繁忙的科学活动。在那个时代，大多数科学家都是有独立经济能力的绅士，他们的科研仰赖于私人收入，而工作并不是为了谋生。当时社会上存在一种看不起自然历史学家的倾向，因为有些自然历史学家为了生存，不得不在博物馆或大学打工以增加收入。而达尔文是那些幸运者之一，他从来无须屈尊做这种苦差事，他的家庭财富足以使他全身心投入研究中，而根本不用担心钱的问题。

达尔文现在已是世界名流，经常会受邀参加晚宴和其他社交活动，与志同道合的人聚首交流。莱尔把他介绍给所有值得认识的人，而不久前达尔文就被选为地质学会和雅典娜俱乐部的会员，二者都是各自领域的绅士们聚集的地方。这种会员俱乐部，比如雅典娜俱乐部，都号称拥有时尚的餐厅、舒适的会客厅，以及藏书丰富的图书馆。这里是颇受上流社会男士们欢迎的休闲场所，他们可以在此阅读每天的报纸，或者安心享用午餐，却无须因有任何女士在场而分心。不过，最重要的是，这里是人们与朋友相聚，同时在更有影响力的圈子里拓展人脉的好地方。雅典娜俱乐部的大多数会员都是凭借承袭下来的头衔和职位入选的，但该会所也因两点而闻名，一是其对艺术和科学抱有强烈偏见，二是它乐于接纳那些因自己的学术影响和成就而地位突出的人。

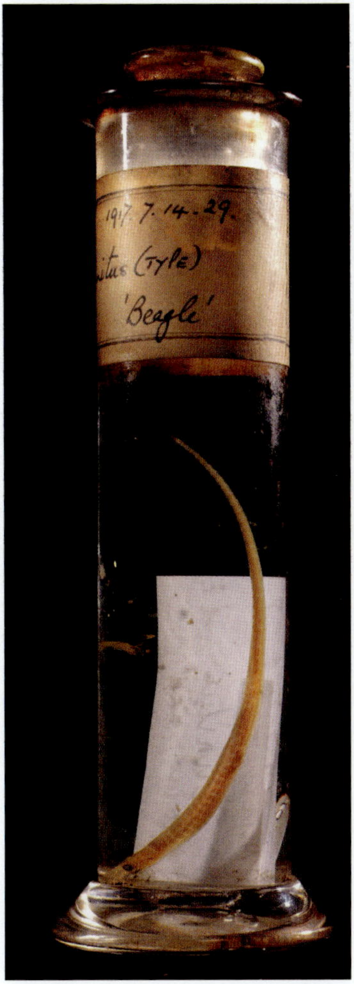

查尔斯·达尔文收集的尖嘴鱼

达尔文对这种特权的体验热情高涨，他愉快地向莱尔报告说：“下午结束之后，我就像个绅士甚至贵族那样到雅典娜俱乐部去，并在那里享用了晚餐。我确定地跟你说，这是我坐在这间华丽的会客厅的第一个晚上，整个沙发上就我一个人，我感觉我像一个公爵。在雅典娜俱乐部，我心中赞叹不已。在那里可以见到很多人，所以我很想去那里见识一下。我第一次在那里吃饭的时候（上周），就在门口遇到了菲顿博士，跟他一起的人还真不少，有罗伯特·布朗（他现在去了巴黎和奥弗涅）、麦克利和布特博士。”[11]

最终，达尔文想方设法处理好了他所收集的大部分标本。欧文在研究化石，古尔德在研究鸟类。另一位剑桥博物学家、亨斯洛的前门生伦纳德·詹宁斯接下了鱼类的研究工作。詹宁斯也许对这些鱼类标本特别感兴趣，因为最早正是他收到担任“贝格尔号”上的博物学家的邀请，但他拒绝了。哺乳动物归乔治·沃特豪斯负责，他是古尔德在动物学会的同事；伦敦国王学院的动物学教授托马斯·贝尔则把爬行动物的研究工作揽了下来。至此，达尔文把他所有收集到的标本都分发给了专家们，由他们帮助他研究这些标本，而达尔文就可以专心致志地当好总编辑的角色。他还可以润色自己的旅行日记，这些日记将与菲茨罗伊对“贝格尔号”航行的记述一起出版。

但是，达尔文仍有一件小事需要先处理。他此时已 29 岁，可依然未婚。

法明港外的塔恩山（智利）

康拉德·马滕斯所绘水彩画，剑桥大学图书馆藏。

第6章

聊胜于狗

“我永远也别想学会法语或到欧洲大陆游历了，当然也去不成美国，

更不会乘热气球上天啦。”

图片见《“贝格尔号”航行之动物学》。

达尔文肯定也想过结婚的事。1838年7月，他决定以他一贯的、完全理性的方式来处理这个问题。他坐在那儿，手里拿着一张白纸，在上面写着，“这是个问题”，并画出了两栏：“结婚”和“不结婚”。在左边，他列出了结婚的好处和坏处；在右边，则是保持单身的好处和坏处。[1]那两个分栏很快就被画得乱七八糟，但不管怎样，或许这方法确实给他的决定带来了一些合理性！

结婚

会有孩子（如果上帝恩赐）；会有终身的伴侣（老来还是朋友），会对一个人产生兴趣；有一个心爱的、可以与之一起玩儿的对象；无论如何，总好过养条狗；有家了，还有打理屋子的人；音乐和女人絮絮叨叨的魅力；这些对人的身体健康都有好处；还得走亲访友，认关系，就是太花时间。

我的天呐！简直无法想象，就这样度过一生，像只无性的工蜂似的，除了工作，还是工作，其他一概全无……不，不，这可不行！……想象一下，孤身一人在烟雾缭绕、脏兮兮的伦敦小屋里度日……再为自己描绘一下，有个温柔可爱的妻子坐在沙发上，一旁炉火熊熊，还有书，甚至有音乐也说不定……把这幅画面与大马布罗街的阴暗现实对比一下吧！

他在这一栏的结尾处这样写着：结婚—玛丽—娶妻Q. E. D.（尚待良缘）。

在另一栏内，他写下了不结婚的各种后果：

不结婚

没有孩子（也就没有第二人生），老了也无人照顾。缺少亲友的关爱，光工作又有什么用呢？除了亲戚，人老了还能有什么亲朋好友呢！爱去哪儿就去哪儿；可有选择地与人交往，但余地不大；可以在俱乐部里跟聪明人交谈；不必被迫走亲访友，也不必为琐碎小事委曲求全；养孩子得花钱，还有操不完的心；可能还会吵架；时间都浪费了；晚上也看不了书；容易发胖犯懒；闹心不说，还有责任；买书的钱也少了；如果孩子多，就只能勉强糊口。（但是，工作太多对身心健康可是非常有害的。）

也许我妻子会不喜欢伦敦，那样的话，我就像被判了“流放”，进而堕落为好逸恶劳、游手好闲的傻瓜。

至少对达尔文来说，利弊平衡是显而易见的，所以他必须结婚。接下来便是早晚的问题，而他写在那张纸背面的类似分析，确实表达出他对结婚之后就会少了自由的些许遗憾。“唉！我永远也别想学会法语或到欧洲大陆游历了，当然也去不成美国，更不会乘热气球上天啦。”他哀叹道。尽管如此，结论还是非常清楚的：他必须将这件事继续进行下去，否则就像他父亲警告过他的那样，到时候生孩子可就太晚了。达尔文这样安慰自己：“别担心，哥们儿，振作起来，人不能就这样孤独地过一生，到头来老眼昏花，没有朋友，冷冷清清，也没有孩子，只能两眼直勾勾地盯着自己的脸，瞧，都已经长皱纹了……要相信缘分，要保持敏锐的目光，还是有很多人开心为奴的。”[2]

事情就是这样。现在要做的就是找到一个妻子。达尔文环顾了一下他的朋友和熟人圈，很快便又做出了一个决定。在那张纸片上写写画画几个月后，他向他的表妹艾玛求婚了。她是其舅舅乔赛亚·韦奇伍德的女儿，他们从小就相识，两家人的关系也非常亲密。当年达尔文的父亲要他对参加“贝格尔号”航行的想法踩刹车时，就是舅舅为他说了好话，达尔文一直没有忘记这事儿。在维多利亚时代的富裕家庭中，近亲结婚并不罕见。事实上，达尔文的父母就是表亲。这样的婚姻有一大好处，那就是保证家族财产的肥水不外流。就达尔文和艾玛的婚事而言，该家族的这两大分支都很富有。父亲罗伯特·达尔文本身已经相当富有，他又娶了韦奇伍德家的人为妻，但与靠陶瓷业创立根基的韦奇伍德家族仍在增长的财富相比，其资产也就不算多了。

艾玛·韦奇伍德是家里7个子女中最小的，但她接受达尔文求婚时已经30岁了。她当然知道，以她现在这个年纪，如果拖得再晚，恐怕就根本找不到丈夫了。或许就是这一点使她答应了达尔文，但不管怎么说，他俩之间的结合仍成就了一段非常牢固的真爱姻缘。和韦奇伍德家族的其他成员一样，她对自己的一神论信仰非常认真，达尔文的父亲提醒儿子，但凡跟艾玛的宗教信仰有关的事儿，都要十分小心地应对。

尽管达尔文也曾考虑要过一种乡村牧师的生活，并继续把自己当作一个信徒，但他已经开始对此产生各种怀疑。或许他还没有彻底放弃基督教信仰，但也完全不像以前那么笃信了，尤其是对于《圣经》的字面真理。多年以后，当回忆起父亲当时的忠告时，他写道："在我订婚并行将结婚之际，父亲劝我小心地藏起自己的怀疑，因为他说他知道，很多人结婚后就是因为这样而遭受了极大的痛苦。起初，一切都很顺利，直到妻子或丈夫的身体出了问题，这时一些妇女就会怀疑其丈夫是否还有救，并因此而痛苦万分，于是这也令丈夫们苦不堪言。"[3]然而，达尔文并不习惯隐瞒自己，所以他没有理会父亲的建议，而是把自己的疑惑告诉了艾玛，结果真的让艾玛担心起来。

第二年一月，他们举行了婚礼。婚礼仪式很低调，蜜月更是如此。事实上，这不过是从斯塔福德郡的梅尔返回伦敦的一次火车之旅。艾玛和达尔文在火车上一起吃三明治，共喝一瓶水，他们的婚姻就这样节俭地开始了。[4]在伦敦，他们搬到了高尔街的一所小房子里，这所房子是达尔文在年初租下的，他们把它命名为

艾玛·达尔文肖像

乔治·里士满于 1840 年绘。

查尔斯·达尔文肖像

乔治·里士满于 1840 年绘。

“金刚鹦鹉小屋”。新近发明的合成染料风靡一时，前房主把所有的墙壁和家具都漆成了鲜艳的黄色、红色和蓝色。

马尔萨斯

在达尔文思考婚姻利弊的同时，他买了一本他听到过很多人热议的书。托马斯·马尔萨斯的《人口原理》（*Essay on the Principle of Population*）是第一部深入探讨人口增长如何影响经济发展的著作。当时，英国正经历相当大的社会动荡，而在马尔萨斯看来，这一切并不难理解。他计算出，如果不是受到由饥荒、疫病和战争所造成的人口减损的抑制，人类人口每隔 20 年就能翻一番。他认为，物价上涨和低工资是人口增长及由此而来的对粮食和其他资源的竞争的自然结果。马尔萨斯不仅没有把他的论点局限于人类社会，而且还将其延展至自然界：“在动物界和植物界，大自然用最浪费和最自由的手，将生命的种子撒向四面八方。但对于培植此等生命种子所必要的空间与营养，她却比较吝啬。”[5] 如果说地球尚未出现人口过剩，或其他任何单一物种的动物或植物（出于某些难以解释的原因，马尔萨斯举茴香为例）的过剩，那是因为一直都存在着争夺资源的斗争，而此种争斗总会有赢家和输家。

如果你住在郊区，你就可以亲眼观察到这种现象。在一个正常的季节，常见的花园鸟类，如黑鹂，通常能够生养三窝雏鸟，每窝平均由四只雏鸟组成。这意味着通常经过一个夏季之后，花园里会出现大约 12 只新的黑鹂。如果这些鸟都能活过冬天，并成功地吸引到配偶，然后以同样的速度繁殖，那么到次年年底，花园里将会有 156 只黑鹂！然而，我们实际上经常看到的却是，到了次年夏天，花园里只有两只黑鹂，而且它们仍在用去年的旧巢。它们所生的后代都怎么了？在这个例子中，很有可能发生了这样一种情形，即在这 12 只雏鸟中，有一只从未飞离鸟巢，因为它很弱小，从来没有像其强壮的兄弟姐妹那样得到那么多的食物。有两只还未学会飞行就被邻居家的猫逮去了；一只被喜鹊叼走；一只被雀鹰叼走；两只被饿死，因为它们还不太会觅食。圣诞节前，有一只幼鸟在路上飞的时候被汽车撞死了。冬天，一只幼鸟死于细菌感染，

黑鹂
安布罗修斯·博斯夏特绘（1635 年）。

另外两只死于饥饿，因为霜冻和大雪使它们更难找到食物。当春天来临时，这 12 只雏鸟仅有一只活了下来。与此同时，原来那对黑鹂中的公鸟已经死亡，所以花园中的黑鹂总数仍然只有两只。

无论我们放眼何处，这世界上都少不了过剩的种子、卵和婴儿。一棵橡树一年能产 2 000 颗橡子，寿命超过 500 年。这也许意味着，在短短几年内，就应该有数百万棵新橡树出现，但其实并没有，这是因为大多数橡子都活得不够长，无法长成可结出果实的大树。大多数的橡子都被松鼠、老鼠和松鸦吃掉了，它们甚至都来不及发芽。那些落在母树下的橡子，也很少能长到几英寸① 高，因为它们被大树已经建立的根系遮蔽，极度缺乏水和养分。只有那些被鸟类和啮齿类动物带到离母树很远的地方而又偶然掉落的橡子，或者那些被埋入土中又被遗忘的橡子，才有可能长成森林中的参天大树。

两种不同的策略

一般说来，动物在繁衍后代方面有两种基本策略。一种策略是每年只生育几个幼崽，有时甚至更少，但父母会很好地照料它们。例如，大象一次只生一只小象，而且两胎之间还会相隔几年。大象怀孕时间长，而且幼崽依赖母亲的时间也很长，但幼崽能活到成年

① 1 英寸等于 2.54 厘米。——编者注

的概率非常高。与之相反的另一种策略则是生一大堆幼崽，而给到每一只的照料却很少，它们明知这样养育后代的死亡率很高，却相信无论如何总有一两只会活下来。例如老鼠，每年都会产几大窝小鼠，且怀孕时间短，幼崽断奶快。然而，就最终能存活到成年的幼崽数量而言，两种策略结果大致相同。植物也遵循同样的原则。有的广种薄收，即散播大量的种子，其中大部分被吃掉，或落在植物不宜生长的地方，或因别的原因而废掉——如前面提到的橡树苗的情况；有的则薄种精收，播撒的种子相对较少，但却用丰富的资源来养护，使之有更好的机会生存、发芽，直至成熟，比如椰子树。

即使某些物种能繁殖出海量的后代，那也不一定会增加地球被这些物种全面占据的风险。例如，翻车鱼比任何其他脊椎动物产的卵都多（一次产卵可高达 3 亿个），但它仍然是一种相对罕见的动物。据推测，几乎所有的翻车鱼卵子在受精前就已经被丢失了。许多海洋动物专门吃鱼卵和鱼苗，对它们来说，翻车鱼卵是一种重要的食物来源。最终的结果和黑鹂一样，大多数物种的后代无法存活到繁殖下一代，因此大多数种群都基本保持不变。

尽管繁殖策略如此不同，但大多数动植物种群的规模在自然界中仍然相当稳定。虽然其种群和数量可能会有涨有跌，但很少会出现剧烈而持久的变化。

用橡子装饰的橡树（无梗花栎）
见《丹麦植物系》图集。

磷虾消失之际

然而，当生态系统中的关键物种被移除时，情况就不同了。在整个 19 世纪和 20 世纪上半叶，海狗和南极地区的巨鲸被大量捕杀。在这一时期末期，挪威和俄罗斯的捕鲸者尤其针对蓝鲸和长须鲸进行了捕杀。据估计，当捕鲸加工船在 20 世纪 60 年代退出作业时，这两种巨鲸的原始种群数只剩下不到 1%。由于海狗和巨鲸主要以小型甲壳类动物磷虾为食，因此，当这两者在近 200 年的时间里从食物链中渐渐消失时，磷虾的数量便呈爆炸式增长。多年来，科学家们一直在讨论，这一现象对生态系统中的其他物种会产生怎样的影响。南极食蟹海豹现在的数量如此之多，以至于它被认为是地球上数量最多的大型哺乳动物之一，这难道只是一个巧合吗？

虽说名字叫作“食蟹海豹”，但它们并不吃螃蟹，而吃磷虾。当海狗和巨鲸渐渐消失时，食蟹海豹便趁机开发出这一新的食物资源。而在以前，动物们对此资源的争夺异常激烈。无论是在该地区的鲸鱼几乎灭绝之前，还是在目前，我们都没有统计出食蟹海豹种群的准确数量。除了稳定可获得的食物来源，可能还有其他因素促成了食蟹海豹最近的成功，但磷虾的故事无疑是一个关键因素。

有一件事是肯定的：自鲸鱼和海狗被滥捕滥杀以来，南极生态系统中出现了更多的磷虾。至少在阿德利企鹅这一物种中，我们确信这已经导致了其食物结构的彻底改变。北卡罗来纳大学的史蒂文·埃姆斯利和萨斯喀彻温大学的威廉·帕特森对阿德利企鹅的蛋壳进行了分析，以确定其中某些碳和氮的同位素含量。因为这些

阿德利企鹅的蛋

雅克·佩林·德布里尚博摄。

同位素来自企鹅的食物，而且我们知道，鱼类所含的 C-13 和 N-15 比例要高于磷虾的，所以根据企鹅壳中这些同位素的比例，就能够推断出企鹅一直在吃什么。埃姆斯利和帕特森从目前和历史上的企鹅南极筑巢地点收集了蛋壳，这些地点的蛋壳在寒冷和干燥的条件下保存得很好，他们统计了一系列数据，最早的蛋壳可以追溯到 3.8 万年前。同位素组成毫无疑问地表明，在过去 200 年间，企鹅的食物结构已经从只吃鱼转变为只吃磷虾。[6]

磷虾的故事还有一个有趣的情节，两位研究人员曾获准对探险家罗伯特·F. 斯科特船长位于埃文斯角的小屋中的企鹅蛋壳进行分析，以便进一步确定企鹅食物由鱼类转向磷虾的时间。斯科特在从南极返回途中不幸去世之后，这间小屋只被使用过几次，因此这些企鹅蛋的准确年代应不会晚于 1917 年。有了这些证据，埃姆斯利和帕特森便指出，由鱼类到磷虾的食物转变在此时间点之前就已经发生了。

另一个关键部分

阅读马尔萨斯的著作是达尔文构建物种起源拼图的另一个关键部分。当每一个物种不断地生更多的蛋，产更多的种子，或者有更多的后代，但却超出了所能存活下来的极限时，物种之间为了生存的争斗就会随之而来。无论是在不同物种之间，还是在同一物种的个体之间，情况都是如此。达尔文意识到，对于那些幸存的和夭折的生命而言，这绝不仅仅是一个机会的问题。相反，幸存者必须具有某些品质，使之有别于那些半路夭折的生命。最重要的是，幸存者必须具备能使它们活到繁衍下一代的那些品质。如果黑鹂、橡树或人类成功地繁衍出更多的后代，而这些后代又能存活下来并繁衍出超过其同类的更多后代，那么经过若干代之后，其增加的就远不止种群中的这种或那种黑鹂或橡树的数量而已。

达尔文搬到乡下

1842 年，达尔文和艾玛已经有了两个孩子并即将生第三个孩

唐屋客厅

子，他们举家搬到了乡下。当时，伦敦已经是世界上最大的城市，和现在一样，城里既嘈杂又肮脏，经济增长导致了巨大的财富不平等和社会动荡。达尔文一家都渴望过一种更加平静的生活，而达尔文的健康状况已经开始时好时坏了。他不再能适应在市井中与人交往，他发现如若能不受人打扰而安静地工作，他会觉得身心更舒畅些。他和艾玛在肯特郡乡下的一个叫唐恩的小村庄里找了个地方安家，从城里驱车（四轮大马车！）过去要两个小时。他们买的房子叫“唐屋”，充足的空间完全够他们这个不断添丁加口的大家庭所用：其中有一个大房间，给达尔文做书房再理想不过了；还有一个客厅、一个餐厅和许多卧室。外面有一个很大的露天花园，再往前是一片小灌木林和环绕四周的草地。达尔文将在这里度过余生，其间他只是偶尔到过比附近村庄再远一点儿的地方。

在唐屋的花园里，达尔文做了有关物种间竞争的实验。他清除了花园一角的所有原生植物，播种了一些经过挑选的种子，想看看会发生什么。后来，他把结果告诉了他的朋友胡克：“据我观察，虽然规模小之又小，但在为生存而战这一点上，我开始越来越清晰地看到，争斗无时无刻不在进行。在我播种在草地上的 16 种种子中，有 15 种已经发芽，但是现在它们死去的速度太快了，我担心到最后一个也开不了花。”[7]

有一次去萨里郡的摩尔公园游玩，达尔文注意到，那里最近有一块公共用地被围了起来，成百万株的小树“如雨后春笋般钻了出来，看起来就像是人工种植的一样，许多树的树龄完全相同”，而在邻近的未封闭的荒地上，仍然有牛被放养着。“我找了好几英里，也没看到一棵小树的影子。然后我再往附近走去，仔细查看那里的石楠花丛，我发现了成千上万棵欧洲赤松的幼苗（每平方码[①]的面积内就有 30 棵），其顶部都被偶尔在这片荒凉野地上游荡的那些牛给啃掉了。一棵三英寸高的小树，从年轮上看已经有 26 岁了，树干很短，但粗得像一根密封蜡。”[8]

“这是一个多么奇妙的问题啊，”他兴奋地在给胡克的信中写道，“这真是一场精彩的力量博弈，竟然能够决定每一平方码草皮上植物的种类和比例！在我看来，这真是太神奇了……”在同一封信中，达尔文一一列举了他为这一目的而专门留出的那一小块土地上长出的所有杂草的情况。在这块地上生长着 357 种植物，其中有 277 种被蜗牛和蛞蝓吃掉了！是的，为生存的斗争无处不在，就连在唐屋的草坪上也是如此。

达尔文的个人生活也是一场斗争。他与艾玛的婚姻很幸福，大约每隔一年就会生一个孩子（总共生了 10 个孩子，其中 7 个活到了成年），这对夫妇之间的感情越来越深厚。但达尔文的健康状况已今非昔比。他常常感到头晕、心悸、消化不良、肠胃胀气、恶心和呕吐，头痛频繁发作，经常焦虑和抑郁。有很长一段时间，他的健康状况很不好，根本无法工作，这让他非常沮丧，他不得不向许多医生寻求建议和治疗方案，但收效甚微。没有人能给他一个明确的诊断结果，他的症状很奇怪，没有特异性，还有一些医生认为他的问题纯粹就是太过紧张。他不愿意离开唐屋，而且

---

① 1 平方码约为 0.84 平方米。——编者注

艾玛·达尔文和儿子伦纳德

他绝对不能没有艾玛陪伴在身边。有时，达尔文会把工作暂且放在一旁，带着全家人去莫尔文这样的温泉之地，在那里尝试最新的治疗方法。其中一种治疗方法是每天用又冷又湿的毛巾把身体包起来，非常奇怪，但这似乎还确实有效果，可惜只持续了一小段时间。不久，心悸、恶心和呕吐又卷土重来。

达尔文所患的疾病无法被解释，但却严重地影响了他生命中的最后40年。随着现代医学理论的进步，人们对达尔文的疾病进行了大量的讨论，但没有得出任何明确的结论。有一种理论认为，他感染了恰加斯病，它是由一种热带原生动物寄生虫引起的。我们知道，达尔文在“贝格尔号”航行期间被一种昆虫（被称为“吻虫”）咬伤过，而这种昆虫是此种寄生虫的宿主。另一些人更倾向于把他的疾病看作身心疾病，因为当工作的压力过大时，他的病情明显会恶化。

休息、安宁和亲情关爱对达尔文的帮助最大。艾玛一心养育和照料家里越添越多的子女，但现在她还得腾出手来照顾患病的丈夫，而这才是她排在首位的任务。幸运的是，她心甘情愿地承担了这项任务。在他们订婚期间，有一次达尔文因身体不舒服而给艾玛写信致歉，那时她就对未来有了一丝预感。艾玛在回信中热情地说：“……当我亲爱的查尔斯身体不舒服的时候，没有什么能比我可以帮上忙或安慰他而更让我高兴的了……所以，亲爱的查尔斯，在我能陪伴在你身边照料你并为你排忧解难之前，请别再生病啦。”[9]

从法明港（智利）看到的萨米恩托山

康拉德·马滕斯所绘水彩画，剑桥大学图书馆藏。

第7章

生命法则

“每一位博物学家在解剖鲸鱼或对螨虫、真菌或纤毛虫进行分类时，都要面对的一个重要问题就是：生命的法则到底是什么？”（摘自达尔文的笔记。）

图片见《“贝格尔号”航行之动物学》。

19 世纪 30 年代末，达尔文已经掌握了完成物种起源和发展理论架构所需的所有要件。他从莱尔那里了解到,如果有充足的时间，物种面临的那些细微的、渐进的改变也可能导致巨大的变化。地质学的观点也表明，地球本身已经存在数十亿年了。他自己也在南美的山上发现了远高于海平面的贻贝壳化石，他还经历了一场强烈的地震，它很好地诠释了地质隆起是如何改变地貌的。

从理查德·欧文对达尔文在蓬塔阿尔塔和蒙特埃尔莫索发现的动物骨骼化石的研究中，达尔文了解到，已经灭绝的物种往往与在同一地区被发现的现存物种有关。

在南美洲发现的两种美洲鸵让他认识到，紧密相关的物种并非仅能在同一区域被发现，还可以在周边相邻的更大区域内被找到。他发现，美洲鸵中体形较大的那种生活在南美洲的北部；而较小的那种，即“avestruz petise”，只在南美洲的南部被发现过。对其他动植物地理分布的观察证实了这一分布格局。达尔文还知道，在孤立的岛屿上，即使常有完全独特的动植物种群，这些岛上的物种与大陆的物种之间依然存在关联。

从“贝格尔号”远航归来后，达尔文又认识到另外两个核心事实：其一，每个物种内部几乎都有无穷无尽的变异；其二，大多数物种会产生大量过剩的后代，其中只有一小部分能够活到再繁殖阶段。他还了解到，许多特征都是子女从父母那里遗传而来的，这一点同时适用于动物和植物。诚然，遗传问题有点儿美中不足。他能看出遗传的确在发生，但却看不出它是如何发生的，其中的机理仍然是个未解之谜。此时，达尔文决定把这个问题暂且搁置一边——只要知道这些特征是代代相传的就够了。

嬗变笔记本

在达尔文的一本笔记本上，他记录了他正在着手解决的那个根本性的问题："每一位博物学家在解剖鲸鱼或对螨虫、真菌或纤毛虫进行分类时，都要面对的一个重要问题就是：生命的法则到底是什么？"[1] 从 1837 年到 1840 年，他在一系列笔记本中记录下了与物种进化有关的观察、思考和随笔，虽然他还不能公开自己的结论，但他逐渐确信这一过程是真实的。

达尔文的笔记本里都简单地贴着字母作为标记，并已经成为理解其思想和主张的发展脉络的宝贵资源。笔记本 B 到 E 后来被统称为"嬗变笔记本"，此为当时的术语，也即我们今天所说的"进化"。在第 1 页上，他题写了"动物法则"几个字，这是借用其祖父的同名书的名称。达尔文将完成由伊拉斯谟最早开始的工作。这些笔记本显示，在不断研究的过程中，达尔文问自己的那些问题，涵盖了生物学、人类学、哲学等方方面面。譬如，为什么男

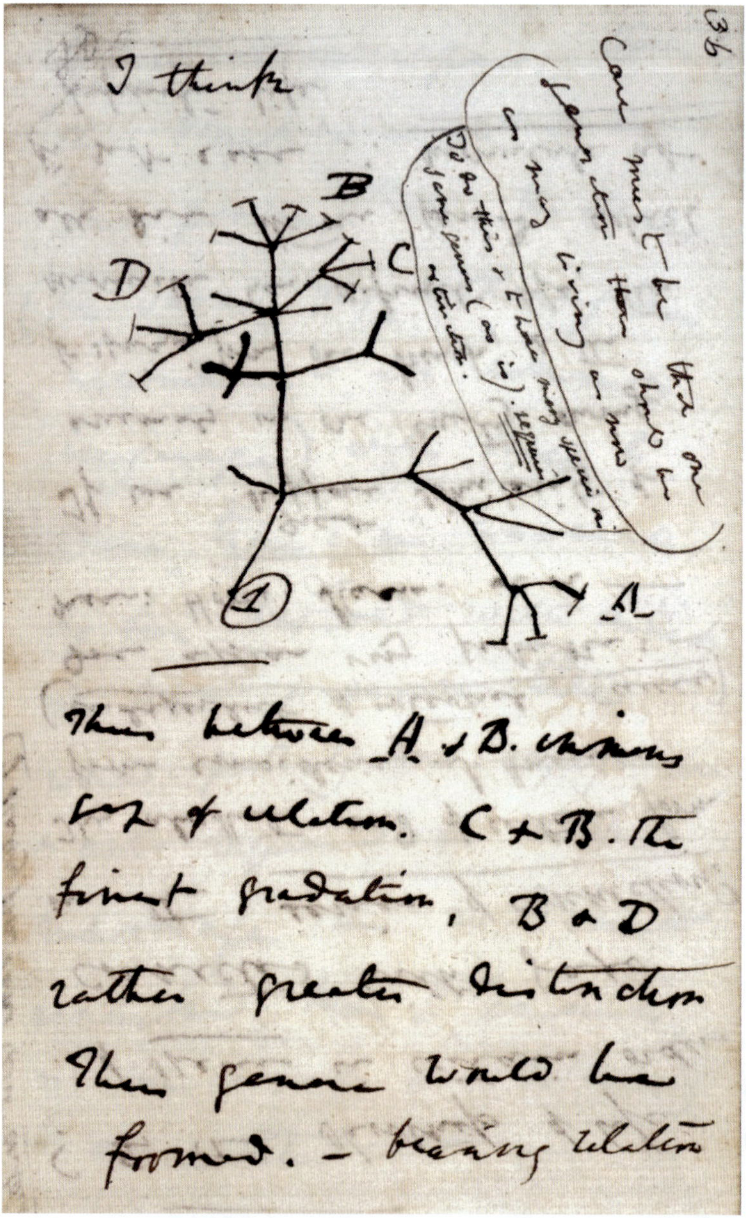

达尔文所绘的著名草图。这是他首次描述他对于物种进化或灭绝过程的想象。在标题下，我认为，达尔文画了一棵有很多树枝的树，表示新物种从其他物种中分化而来。如果树枝的末端有一根横过来的小树枝，那就代表一个物种已经灭绝了。这幅图由达尔文在 1837 年画于《物种嬗变笔记》中

人有乳头？为什么南美洲有两种美洲鸵？为什么生命如此短暂？为什么双胞胎如此相像？[2] 他还对驯养的动物和人工栽培的植物感兴趣，观察到它们与其野生祖先在许多方面都不同。这当然是育种者的有意为之，经过许多代之后，他们终于精心挑选到了最符合选种目的的种群。

就物种何以相互关联，是否所有物种都有赖于关联的共同血统的问题，达尔文做出了推测："有组织的生命存在就像一棵枝丫乱长的树。"[3] 然而，有些血统的延续完全停止了。而在苦思冥想地又写了几页之后，他指出："生命之树应该被称为'生命的珊瑚'，承载枝丫的基底若死了，就看不见生命发展的通路了。"[4] 在极为重要的一页上，达尔文在"我认为"的标题下，第一次快速地勾勒出物种谱系树形图的样子。从这幅草图上可看出，物种谱系之树是如何最先从共同祖先那里无规则地分化而来，并开枝散叶，进而产生出新的物种的。有些分枝比其他分枝更加"枝繁叶茂"，表明有许多新物种在不断进化——就如我们现在所说的。然而，另一些分枝则以一条直线结束，表明该物种已经灭绝，不可能再朝着那个方向有任何发展。

物竞天择

达尔文继续将自己的观察、思考和有待进一步探索的想法，不断地写满了他的笔记本。他把那些令他感到困惑不解的问题提出来讨论。他不再怀疑物种会发生变化，也不怀疑随着时间的推移会进化出新的物种，关键问题在于这是如何发生的。正是在这一点上，他从马尔萨斯那里学到的有关争夺生存空间和资源的思想被证明是有用的。他认识到，这一切都是通过一种他称之为“物竞天择”的机制而自动发生的。

进化自主发生，既没有任何预先设定的计划，也无法预料其走向，这恐怕是达尔文整个理论体系中最具争议的地方。变异的种类和数量可能是随机的，但在众多变异中，哪一种会存活下来却并非偶然。而且，仅存活下来还不够，还要存活到一定的时间，足以让生物体繁殖并将变异延续下去。考虑到之前有那么多的人，花了那么多年的时间，一直在思考物种现象及其在地球上的发展、分布和灭绝，达尔文的理论之简单明了着实令人惊叹。正是这种简单，令达尔文的朋友赫胥黎在第一次听到这个概念时，猛然一拍脑门儿并惊呼道：“我竟然没想到这一点，真是太蠢啦！”

达尔文本人最初并没有使用“适者生存”这个术语。这个术语是由英国哲学家赫伯特·斯宾塞在1864年出版的《生物学原理》一书中首次提出的，该书在很大程度上借重了达尔文的观点。不幸的是，这一术语经常被人误读。达尔文所说的“适者”，并不是指最健壮或最强壮的，而是指最切合或最适宜环境和其他生活条件的。以现代的说法，我们会将之形容为“最适合的”。同样，物竞天择并非关乎存活本身，更不用说那些个体的存活。为了使这一过程发挥作用，只要某些个体比其他个体有更多存活的后代，并且其展现个体之间差异的特征是可遗传的，就足够了。

达尔文对进化的解释与拉马克的解释有着根本的不同。为了解这一点，让我们回到拉马克所举的长颈鹿的例子。根据拉马克所说，长颈鹿之所以长有长脖子，就是因为它得靠伸展身体去够树顶上的叶子。长颈鹿会把这种特性传给后代，也就是将后天习得的特性遗传下去。但根据达尔文的观点，在所有出生的长颈鹿当中，总有一些长颈鹿的脖子要比平均水平更长一点儿，从而能够享用一般长颈鹿无法获得的食物资源。也就是说，只有脖子真正够长的长颈鹿才有可能够得着那些长得极高的树叶。如果这些额外的资源使这些长颈鹿长得更健康、更强壮，并因此比它们脖子稍短的同伴成功地生出更多的后代（同样是脖子更长的），那么物竞天择机制就会实际“选择”脖子略长的长颈鹿。经过好多代之后，作为整体的长颈鹿种群往往会长出更长的脖子，到有一天长脖子的弊大于利为止。与此同时，许多脖子短于平均水平的长颈鹿也会出生，但书写进化史的毕竟不是它们。它们将在争夺食物资源的竞争中落败，其健康的后代也会更少，因此它们的短脖子特征很快就会被“逆向选择”。

日常生活中的物竞天择

也许我们常常不会想到这一点，但我们确实会在日常生活场景中遇到进化和物竞天择的情况。孩子生过头虱的父母都知道，要消灭这些害虫有多么困难。药妆店里出售的洗发水也许能杀死大部分虱子，但不能杀净所有虱子。几周后，它们又大量地回来了。2006 年，丹麦的一项研究发现，经过几十年的药物接触，虱子种群现在对灭虱洗发水中最常用的化学物质马拉硫磷和氯菊酯表现出高度的抗药性。[5] 在一些试验中，75% 的虱子逃过了含有这些毒性物质的整治。虱子能够抵御以前致命的化学攻击，是因为它们的一个基因发生了突变。这种突变可能一直存在于虱子种群的某一部分中，但不一定会带来任何好处或坏处。但当我们开始用氯菊酯治疗头虱时，带有这种保护基因的虱子突然就有了优势。由于它们的后代一直在繁衍生息，现在这种基因在该种群中分布

母亲给孩子梳头

杰勒德·特伯奇于 1652 年绘。

得越来越广，对氯菊酯具有抗药性的虱子也越来越多。幸运的是，对于耐心并反复使用细齿梳子的杀虱方法，抗药虱子的免疫力并不比那些不耐药的同类强！

同样，细菌也对青霉素等抗生素产生了抗药性。当青霉素在20世纪40年代被发现时，它成了一种神奇的药物。以前导致成千上万人死亡的致命疾病，如肺炎、肺结核和血液中毒，现在相对而言比较容易被治愈——至少对于那些能够获得此药的人是这样的。然而，青霉素使用的范围越广，就越有利于那些对青霉素产生免疫的细菌发生突变，抗药性便由此扩散开来。世界各地的医院都在发表报告指出，过去用抗生素就可轻松治愈的疾病，现在出现问题的却越来越多。多重耐药菌正在酿成浩劫，人们正死于十多年前很容易被治愈的疾病。

牛奶与进化论

关于物竞天择还有一个很好的例子，我们很多人在日常生活中对此都很熟悉，那就是我们成年之后对牛奶的消化能力。大多数北欧人都能毫无问题地喝牛奶，但在南欧，只有25%到50%的成年人对牛奶耐受。在全球许多地方，仅有孩子能够消化牛奶。牛奶不耐受的症状，如腹泻、胃痛、恶心和腹胀，通常足以使人们放弃牛奶和乳制品。

所有儿童的肠道中都有乳糖酶，这使他们能够分解乳糖。乳糖存在于所有类型的动物奶中，包括人体母乳。正常情况下，我们产生乳糖酶的能力会在断奶后消失。在对牛奶耐受的成年人群中，他们的身体终生都保持着产生乳糖酶的能力。这种乳糖酶的持久性可以追溯到调节乳糖酶产生的基因突变。[6]

不难想象，对于生活在遥远北方的人来说，消化牛奶的能力是一种优势，因为那里的人们在冬天很难获得足够的食物。在这种社会中，产自家畜的奶是额外的食物资源，使成年人不仅有机会获取这类食物，而且还使其具备了消化利用这类食物的能力，从而比缺乏此种能力的人有更好的营养。用牛奶来补充饮食，能减少他们忍饥挨饿和患上饥饿疾病的概率。因此，这样的人也许就

挤牛奶的男人

源自埃及底比斯的肯希特女王墓，韦尔科姆收藏馆藏。

有可能养育更多的孩子，孩子成年之后还会继承与他们一样的消化牛奶的能力。这一特质会逐渐在当地人中传播，而且其传播的速度似乎相当快。从生物学的角度来看，对奶畜的驯化是一个相对较新的现象，乳糖酶持久性的基因在欧洲非常普遍。这给拥有此种基因的人带来了极大的好处，以至于它像野火一样被蔓延开来。

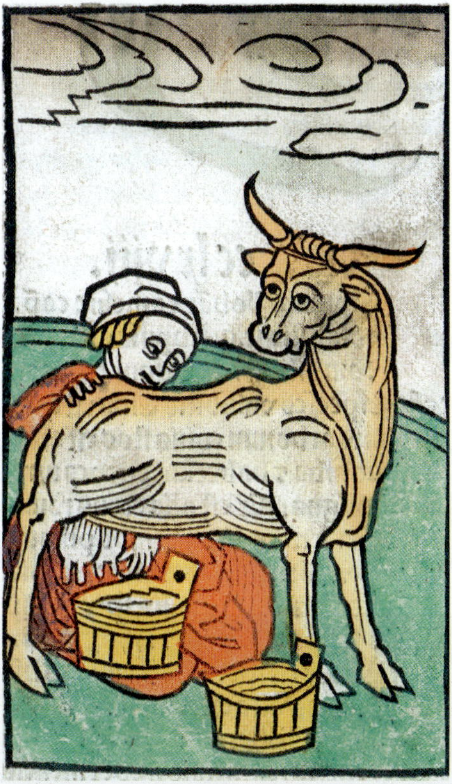

挤牛奶的女人

源自埃及底比斯的肯希特女王墓，韦尔科姆收藏馆藏。

在非洲大部分地区，人们成年后对乳糖不耐受。然而，尤其在东非，也有一些部落，牛奶是他们饮食中很重要的一部分，当地成年人可以像北欧人一样消化牛奶。这些部落包括肯尼亚的马赛族和苏丹的贝贾族，在那里，放牧是其文化的重要组成部分。和大多数欧洲人一样，这些部落的人也携带着控制乳糖酶产生的基因。然而，这并不是普遍的相同突变。事实上，人们在不同的非洲部落中发现了不少于三种的基因突变，它们全都具有将乳糖酶的产生维持到成年的相同效应。[7]就我们所知，这意味着这种基因的随机突变至少有四种不同的情况，但都给牲畜养殖地区的人们带来了足够有利的优势，并且随机突变基因自身也得以传播和保存。

桦尺蠖的颜色变化

关于物竞天择的最早和最著名的实效例子之一就是桦尺蠖。这种在类似英国的温带气候中常见的飞蛾，既有浅灰色的变种，也有几乎全黑的变种。在工业革命之前，后一种黑化形态极为罕见。飞

树干上的两种不同颜色的桦尺蠖

蛾栖息的树是浅色的，长在树上的苔藓也是浅色的，因此，浅灰色的飞蛾伪装得更好，也就不太可能被鸟类吃掉。然而，随着以煤炭为基础的工业生产规模的扩大，到 19 世纪中叶，在英国有被烟囱和高炉喷出的烟尘和煤炭颗粒弄脏的危险的，可远不止晾衣绳上的衣服。周围的林地也很快受到了影响，许多树木被污染物覆盖。与此同时，空气污染杀死地衣，增加了暗黑化效应。

以前罕见的桦尺蠖黑色变种开始出现在越来越多的地方。自从第一次被记录，仅仅 50 年之后，它便几乎完全取代了大多数工业化地区的浅色变种。事实上，到 1896 年，有人认为，这种变化是由于蛾子逐渐适应了颜色变深的树干，黑色变种在较暗的表面不太明显，因此能更好地躲避鸟类和其他捕食者。

20 世纪 50 年代，英国生物学家伯纳德 · 凯特尔韦尔对桦尺蠖进行了一系列研究。按照一项常规的研究程序，他采集了飞蛾的样本，对它们进行了标记，然后将它们分别放回伯明翰附近受污染的林地和多塞特郡未受污染的林地。后来，他再次回来在种群中取样，看看有多少被标记的蛾子发生了变化。这些标记和重捕实验清楚地表明，浅色变种在以浅色苔藓覆盖的树木为特征的未受污染地区生存得更好，而深色变种在树干颜色较深的受污染林地生存得更好。[8] 因此，飞蛾被证实是一个很好的例子，用来说明物竞天择如何作用于野生种群，即使是在很短的时期之内。

后来，有人在凯特尔韦尔的方法里发现了漏洞：他是在白天放回飞蛾的，而飞蛾通常是在晚上飞行；他把飞蛾放到树干上，而其实飞蛾更喜欢躲在小枝丫下面；他选择的释放地点太少，所以飞蛾太过集中了。批评者还指出，蝙蝠和鸟类都会捕食桦尺蠖，且不在乎蛾子是什么颜色，因为它们是通过回声定位找到飞蛾的。剑桥大学进化论教授迈克尔·马耶鲁斯不同意这种批评。在21世纪头十年，他做了为期7年的一系列实验，小心翼翼地避开了凯特尔韦尔当初有可能中招的所有陷阱。而且，更重要的是，他还令人信服地证明，最初实验中的任何缺陷都没有影响结论的有效性。桦尺蠖的情况恢复了作为物竞天择实际效应最明显例子之一的地位。[9]

马耶鲁斯及时完成了他的研究工作。自英国于20世纪50年代出台《清洁空气法案》之后，树干的颜色又重新变浅了许多，桦尺蠖的黑化形态也在消退。在许多像曼彻斯特这样的地方，1898年黑化桦尺蠖在飞蛾种群中的占比几乎为100%，现在则已经低于5%。物竞天择再次发挥了作用！

加拉帕戈斯地雀

物种进化不仅仅是为了适应不断变化的生活环境，比如空气

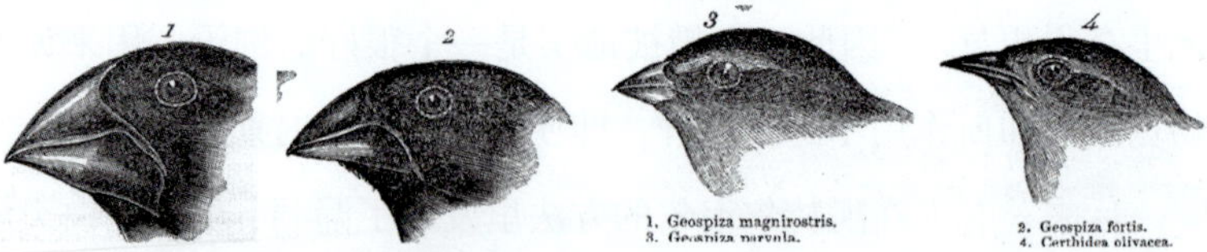

加拉帕戈斯地雀的四种不同类型的喙

见《对菲茨罗伊舰长率领“贝格尔号”环球航行到过的国家所做的自然历史和地理研究日志》，修订2版。

污染，或者奶牛养殖业的引入，它也与新物种的出现有关。达尔文的理论描述了进化是如何发生的，但他本人却很少举关于这一过程的例子。而著名的加拉帕戈斯地雀其实就是一个很好的例子，尤其是对于进化生物学家所称的“适应辐射”现象而言。

想象一下，新的物种从别处迁徙到一片土地上定居（加拉帕戈斯地雀的先祖有可能就是如此，也许它们是被一场风暴从大陆上刮过来的）。再想象一下，生态系统中存在现成的“空位”，比如当地动物群落尚未利用的潜在食物资源。在这种情况下，新迁来的物种可能经受多次快速的适应性改变，并“扩散”出去填补那些可用的空位。新来的物种这样做有一个优势，那就是能够在没有当地任何既有物种与之竞争的情况下站稳脚跟。

加拉帕戈斯地雀的先祖抵达该群岛时，岛上大概根本（或几乎）没有任何其他鸟类。最先长出比其他雀强有力一点儿的鸟喙的那只雀将具有优势，因为它能够吃大点儿的种子，而且还能将其全部据为己有。同理，能长出更尖的喙的鸟，就可以用那些靠普通鸟喙难以捕捉到的昆虫来补充其食物来源。1839年，由于看到了此种模式，达尔文在日志中对其进行了描述，这是在《物种起源》远未发表之前，但却是在他在思想和文字上形成了自己的理论之后。“最令人好奇的事实是，在不同的地雀属物种中，喙的大小有着完美的渐变层次，从锡嘴雀那样大的喙到苍头燕雀的喙，甚至到莺的喙。”他这样写道，“在一个很小的、密切相关的鸟类群体中，看到这种结构上的层次性和多样性，人们可能真的会想，由于这个群岛上的鸟类原本十分稀缺，于是某个物种便被选中并进而优化，以适应不同的目的。”[10]

达尔文的拖延

至19世纪30年代末，达尔文已经把物种起源拼图的所有构件拼合在一起，并很快就开始将之当作“我的理论”来谈论。1842年，他写了一篇自称为“铅笔草纲”的文章，共35页。后来在1844年他又将其扩写为一篇相当长的“论文”。达尔文清楚地意识到，他为人类能够理解物种及其进化做出了非常重要的贡献。为此，他写了一封致妻子艾玛的信，且要求只能在他不幸辞世后方可打开。在该信中，他要求艾玛务必单独留出400英镑，专门用于出版他的“草纲”。“我希望我的草纲能交给某位有能力的人，并用这笔钱邀请他不辞辛劳地对草纲进行增色和拓展……”[11] 达尔文首先想到的人是莱尔：“如果莱尔先生肯接下这事儿的话，那是最好不过了。我相信他一定会觉得这份工作其乐无穷，而且他从中能了解一些他不熟悉的事实。”他写道，不过“仅次于他的最佳编辑应该就是伦敦的福布斯教授”。人们几乎可以听到达尔文写信时反复掂量的心声，他先是想到一位同行，然后又想到了另一位：“接下来最好的（在很多方面都是最好的）人选应该就是亨斯洛教授吧？”那胡克呢？“胡克博士也许会像真的编辑那样勘正植物学的部分，胡克博士会做得很好。”在这封信的末尾，达尔文特别嘱咐，如果艾玛实在找不到人来承担编辑工作，她应该确保原作按原样出版，并且不要忘了指出，这份草纲写成于若干年之前，当时作者并未想过要以原貌出版。

达尔文的理论一经形成，即被束之高阁多年。“枪一旦举起来，就绝不能再放下。”[12] 达尔文曾在其私人笔记中写下这句有关枪和射击的话。也许他在野外射击时遵循了这条规则，但他肯定没有把同样的原则应用到生活的其他方面。事实上，从他第一次将“草纲”写在纸上，直到公众听说生命大谜团之一已经被解开，这中间过去了15年。这样的出版延迟在科学界是罕见的，历史学家和达尔文学专家对此进行了大量讨论。达尔文的“拖延”是因为害怕负面反应吗？是他担心会冒犯艾玛的宗教感情吗？或者只是他还没有彻底解释清楚这个理论?

毫无疑问，达尔文很清楚他的观点是有争议并将挑战许多外行人和专家所共有的先入之见的。关于这一点，他在完成“论文”的那一刻就得到了一个强有力的提醒。1844年10月，一本名为《造物自然史的遗迹》的书在伦敦被匿名出版。为了把地质学、生物学、宇宙学和哲学统一起来，该书所涉及的范围极广、极深，强调宇宙中所有事物的不断变化，讥讽每一个物种都是由神的旨意创造出来的观点。作为一本国际畅销书，这本书多次被再版和修订，引发了大量的讨论。

当然，牧师们并不像改革家和自由思想家们那样喜欢这本书，其中有些人被激怒了。对他们来说，把上帝排除在自然史的进程之外，就意味着摒弃了所有的道德和尊严。牧师和神学家警告说，

达尔文在唐屋中的书房

这可能会导致社会崩溃。然而，许多著名的科学家也对这本书反应强烈，理由各不相同。达尔文在剑桥大学的前导师亚当·塞奇威克在评论这本书时，就将它批得体无完肤。他甚至还提出，这本书包含站不住脚的伪科学,只能说明这是由一位女性撰写的。然而，他的这个猜想错了。正如达尔文从一开始就猜对的，撰写该书的正主是苏格兰作家兼出版商罗伯特·钱伯斯，但这个秘密在公众那里一直成功地被隐瞒了，直到钱伯斯去世（1871 年）十年后。

达尔文和他的朋友兼同行胡克都立即阅读了这本书，并在他们的信件中对此书做了评论。胡克觉得这本书非常有趣，但达尔文的热情却没有那么高。该书在科学上有太多粗心的错误，达尔文写道："他的关于地质学的描述给我的印象极差，关于动物学的描述更是一塌糊涂。"[13] 也许从这件事中，达尔文有所感悟：在解释物种进化时，如果要把上帝排除在外，那就必须事先确定所有的论据都无懈可击，这样才是明智的做法。

告白

1844 年，达尔文在一封信中首次向他人吐露了自己的想法，而此人就是胡克。达尔文意识到，他找到了一个值得相交的同行，即便算不上志同道合，胡克至少也是一位他尊重，并且也会尊重他的人。在闲扯了一通关于珊瑚环礁和火山岛的植被，以及岛上物种数量与种属之间的关系之后，他逐渐接近了那个危险的话题，即物种到底是变化的，还是一成不变的。“自航海归来之后，我一直在从事一项非常疯狂的工作，我知道，没有哪一个人不会说这事儿简直蠢透了。”达尔文以其特有的谨慎宣称道，“加拉帕戈斯群岛的生物分布，以及美洲哺乳动物化石的特点，都让我深感震撼，我决定不加区别地收集任何一种事实，只要它与物种有一丝一缕的关系。”在痛苦地说出心中的秘密之前，达尔文强调，他曾广泛地阅读农业和园艺方面的书籍，但接着他笔锋一转：“光芒终于闪现，我几乎确信（与我一开始的观点相反），物种并非一成不变（这简直就像在承认自己犯了谋杀罪一样）。”[14]

明知不可言而言之，达尔文于是屏住呼吸等待胡克的反应。胡克会一刀把他砍死，还是让他找到一个可以与之共同探讨他那些最出格思想的人？起初，胡克并不急于回答，达尔文甚至还给他寄了第二封信。终于，他用冷静的语气回复了，但一点儿也没有表现出轻蔑的态度。事实上，正如胡克在给达尔文的信中所述，他的观点是，许多全系列的新物种确实已经在不同的时间出现在不同的地点，“……而且还有物种的逐渐变化”，他接着说，“我会很高兴听到你对这种变化是如何发生的问题的看法，因为目前关于这个问题的普遍观点都不能令我满意”[15]。

这绝对是一个开端，而不是达尔文所担心的反驳。随后他逐渐开始与人分享他的秘密，尽管他还没有向世界宣告这个消息。伦纳德·詹宁斯是继胡克之后为达尔文所信任的人之一，他是达尔文请来专门研究从“贝格尔号”远航带回的那些鱼类标本的。与胡克一样，詹宁斯也接受了达尔文层层递进的介绍，从加拉帕戈斯群岛的动物群落，到南美洲的哺乳动物化石，再到达尔文对植物选择和动物育种的深入研究。“长时间在关于农业和园艺方面的书籍里探索和与相关人士交流，使我相信（我很清楚这显得多么荒唐和自以为是），我看到了新的变种是如何精巧地适应外部生活条件的。”[16]他在给詹宁斯的信中这样写道。

詹宁斯也没有对达尔文接受物种演化的观点提出反驳，尽管他认为“变异”这个词存在问题。达尔文在回信中向他保证，“还需要好几年我才会公开发表我的研究成果，这样我应该能有足够的时间去琢磨更好的用词”[17]。事实证明，这些话比他当时意识到的要真实得多。达尔文对藤壶的细致研究，花费了远比预期多得多的时间，然而他知道自己正在干一件大事。随着时间的推移，他对此越发深信不疑。“但是我很难解释清楚我的意思，你也许希望我的关于藤壶和物种的理论整个就是在抖空竹，”他在 1848 年给胡克的信中这样开玩笑地写道，“但我不在乎你会说什么，反正我的物种理论就是真理。”[18]

1849年，40岁的达尔文
韦尔科姆收藏馆藏。

悬崖嶙峋的沿海地区

康拉德·马滕斯绘，剑桥大学图书馆藏。

第8章

公之于世

“我所有的发现和创意，无论有多么伟大的意义，都将付诸东流。”

达尔文在 1858 年 6 月致查尔斯 · 莱尔的一封信中说道。

图片见《“贝格尔号”航行之动物学》。

达尔文一家在唐恩过着平静的家庭生活。达尔文在这里度过了余生，很少到其他地方旅行。他偶尔会去伦敦参加科学会议，或在雅典娜俱乐部与同行和友人见见面，但鉴于身体情况很差，他多半会婉拒别人的邀请。另外，他喜欢在唐屋接待客人，欧文、莱尔、胡克，还有后来的赫胥黎，都是这里的常客。

在花园的尽头，达尔文开辟了一条小径，穿过一片杂树林和草地，七绕八拐地画了一个圈，全长 0.25 英里左右。在这条叫作“沙道”的小路上漫步，成了达尔文每天生活中的固定“节目”，这里也是他思索如何解决手中问题的地方。若有哪个问题特别伤脑筋，

达尔文居住时的唐屋景色

唐屋外观
达尔文从 1842 年直至逝世，都和夫人居住在这里。

他就可能在这里多绕上几圈。他甚至会用一堆石头来计算他已经转了多少圈。即便遇到身体不适的时候，他通常也要努力到沙道上走走，哪怕少走几圈也好。

孩子们很小的时候就在家里接受教育。达尔文让他们全部参与了他的实际研究，让他们帮助他观察物种和进行小实验。

到 19 世纪 50 年代，他已经有了一个由 7 名小小研究助手组成的团队，但悲剧突然降临到这家人身上。1851 年，达尔文的大女儿安妮因患疑难重症离世。安妮并不是夫妻俩失去的第一个孩子，早在 1842 年，只有几周大的小玛丽就去世了。但是 10 岁安妮的离去，对达尔文和艾玛是极为沉重的打击。为了救她，达尔文把她带到住在莫尔文温泉的那位给自己看病的医生那里，在他

达尔文漫步在名为“沉思小径”的沙道

病情最严重的时候，正是这位医生用水疗法帮了他。像父亲一样，这个可怜的孩子也被裹在了又冷又湿的被单里。但过了一段时间，达尔文和医生都意识到这无济于事，所以便转而全力以赴于减轻她的痛苦，因为她实在是太虚弱了。艾玛当时正处于孕晚期，因此她不得不待在肯特郡的家中。达尔文每天都给妻子写信报告治疗进展，告诉她女儿病情的哪怕极小的起色，也告诉她那些许多的无奈。

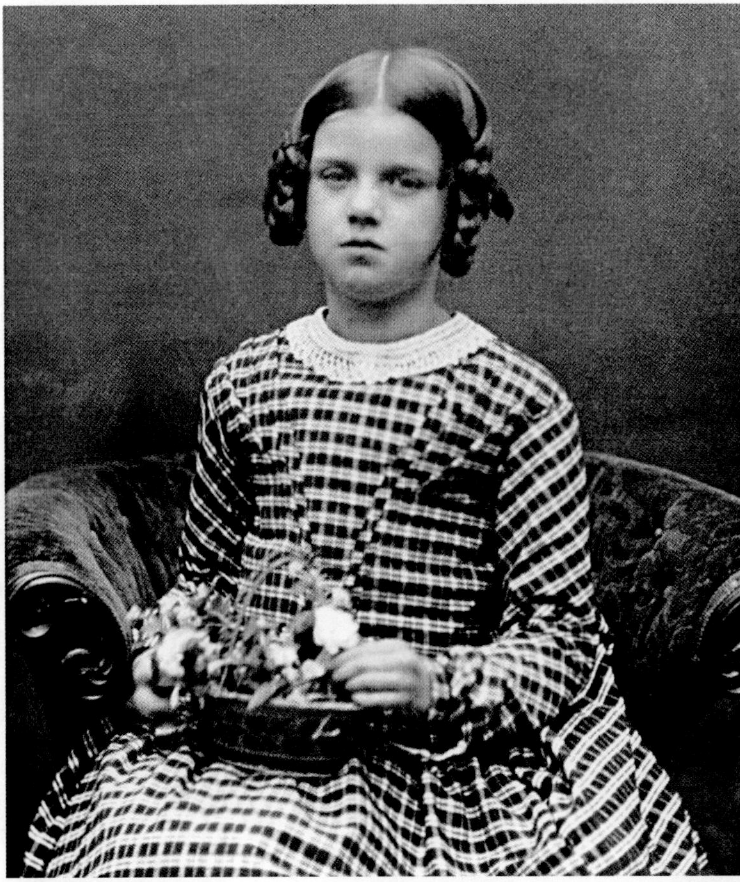

安妮·达尔文。摄于1849年，她去世前几年

达尔文在唐屋中的书房

“我们可怜的孩子病得那样吓人，大人病得再重也不过如此了。那天晚上太可怕了，医生跟我说，也许挨不到天亮了。”[1]当安妮最终离去时，伤心欲绝的达尔文把消息告诉了艾玛和全家人。“她是我最喜欢的孩子，真诚、开朗、活泼、快乐、热情洋溢，最是让人疼爱。”[2]他在给表兄威廉·福克斯的信中写道。几周后，艾玛平安地生下了第五个儿子霍勒斯，但安妮的死对达尔文一家来说仍然是一个灾难性的损失。

搜集证据

在完成关于物种起源的“论文”后，达尔文将全副精力集中于搜集更多的信息来支持他的理论。有一种令他非常感兴趣的情形是，当农民和种植者在试图优化其家畜和栽培植物的品种时，他们也可能同时在改变物种本身。事实上，他清楚地看到了物竞天择与由饲养人和园艺师实施的人为选择之间的相似之处。对于任何一位对饲养家畜或植物繁殖有所了解的人，达尔文都会与之进行大量的书面通信，以此方法来搜集与整个课题相关的信息。

“不要忘记询问有关任何家养牲畜、禽类、蚕等动物的各种变种的起源，哪怕只是一些传统的说法。”达尔文在胡克去印度探险的时候给他写信说道，并进而请求说，如果胡克碰到家养蜜蜂，就帮他弄一窝回来。[3]他写信给他的表兄威廉·福克斯，请求表兄分点儿纯种家禽给他：“我想跟你要一只小鸡，要注明确切的年龄，大约是一周或两周大！请装在箱子里寄过来。要是你能给我寄一只普通幼鸽来，我真的会非常高兴，因为我需要制作骨骼标本，并且已经开始对野鸭和家鸭进行比较了。”[4] 他根本不需要獒犬，而且他已经把斗牛犬和灰狗的幼崽用盐保存了起来，但是如果福克

出版于 1868 年的达尔文著作《动物和植物在家养下的变异》中的鸽子插图

斯的火鸡死了，达尔文会很高兴福克斯把它送过来给他。如果福克斯的混血非洲猫不巧也死了，那他一定得把尸体送过来，这样达尔文才能获得其骨架。“这一切也许只会给你添麻烦，所以我就不再多要了。”他体贴地写道。可是，他又接着说：“你在德比郡的时候，若是有机会，一定得替我打听打听，就问你跟我说起过的那个人，公番鸭和普通母鸭生的小鸭，是不是和母番鸭跟普通公鸭生的小鸭长得一样。”[5]

唐屋的花园开始变得像个小型动物园。达尔文决定自己饲养鸽子，以便更好地了解不同的鸽种。他确信，不管鸽友们的鸽种变得有多么奇怪，譬如有漂亮的白色扇尾和头上的凤冠，它们都还是由同一种野生岩鸽进化而来的。当达尔文终于开始撰写关于物种起源的皇皇巨著时，第一章讲的就全部是关于鸽子育种的内容。对当时的大多数科学家来说，研究家养动物的繁殖，尤其是经过美化的野生原始物种的人工繁殖，几乎不可能被当作科学。但对达尔文而言，这样做却揭示了一个重要的观点。如果普通的岩鸽经过选择性的育种就能够在如此短的时间内长出扇尾、褶羽和球胸，那么请试想一下，在数百万年的时间里，物竞天择能够完成什么。

莱尔的好建议

19 世纪 50 年代初，达尔文的科学家和同行的朋友圈扩大了，

托马斯·赫胥黎，达尔文进化论的杰出倡导者

连托马斯·赫胥黎也加入进来，他跟达尔文在很多方面的情况都恰恰相反。他出身贫寒，在很大程度上是靠自己的努力自学成才的。由于家庭经济困难，他不得不在 10 岁时辍学，但他依然表现出非凡的聪明才智，自学了德语、拉丁语、希腊语及地质学和自然科学知识。后来，他靠奖学金攻读解剖学和医学，直到加入英国皇家海军担任助理外科医生，这让他能够像当时的许多医生一样，专攻自己感兴趣的对自然史的研究。1846 年，与其他医生一样，21 岁的他第一次进行远航，前往新几内亚和澳大利亚。在那里，他争分夺秒地收集标本，写下观察结果，并将拟在英国发表的文章寄回家。达尔文认识他的时候，他已经在海洋无脊椎动物这个领域有了许多重大发现，成为科学界的一颗冉冉升起的新星，入选英国皇家学会以及他在 26 岁时被授予该学会奖章就是最好的证明。

1856 年春天，达尔文在唐屋举行了一次晚宴，来宾中包括胡克和已当上教授的赫胥黎，达尔文对大家发表了他对物种及其进化的看法。不久之后，他和莱尔也分享了这些想法。对莱尔来说，这简直就是一颗重磅炸弹，虽说以他自己的观点，他或许也能承认地球正在经历变化，但绝对不是物种在经历变化。尽管如此，在稍稍平复心情之后，他还是急切地鼓励达尔文将其理论发表出来。如果达尔文不这样做，那有类似想法的其他人或许就会抢先发表，从而赢得所有的荣誉。“我希望您能先发布一小部分数据，譬如关于鸽子之类，这样便能带出您的理论，而且还会留下确凿日期，然后再被别人引用和理解。”莱尔催促道。[6]这个非常好的建议却让达尔文左右为难。“关于你提出要我先出个理论梗概的建议，我简直不知道该如何去想才好，不过我会仔细考虑的。”他回复莱尔说，“我很讨厌为了抢先而动笔的想法，但是如果有人要抢在我前面发表我的学说，我当然会非常恼火。”[7]与当今一样，在科学界，抢先一步意味着一切。在此种刺激之下，达尔文终于开始写作了。但为时已晚。

华莱士的来信

莱尔担心别人会抢在达尔文的前头发表文章，这并非空穴来风。1855年，达尔文读到了一篇关于沙捞越岛上动植物分布的文章，作者是当时在婆罗洲工作的阿尔弗雷德·华莱士，这表明确实有人对同样的主题感兴趣。华莱士在创立后来被称为“沙捞越定律”的理论时，正惊人地接近达尔文的领地：“每一个物种都是在空间和时间上与一个关系极为密切的物种同时产生的。”[8]不知何故，达尔文竟然没有看到威胁，或者说没有把它当回事儿。然而，他确实给华莱士写了一封措辞友好的信，委婉地指出他自己也在研究这些问题，事实上，他已经为这些问题忙碌了 20 年，现在正准备发表他的观察结果和相关思想。[9]

如果说这是一个警告信号，提醒华莱士这个领域的研究已经“有主”了，那么可以肯定地说，华莱士并没有领会这一暗示。1858 年 6 月，华莱士的另一封信落在达尔文的信箱里。在世界的另一端，即现在的马来西亚，他得出了与达尔文相同的结论，而且所使用的推理也或多或少相同。与达尔文一样，他也盯住物种多样性的发生途径不放，并仔细研究了动植物的生物地理分布，既有当地小范围内的，也有整个大陆范围内的。与达尔文一样，他也读过马尔萨斯的著作。在发高烧的一段时间里，他每天不得不躺好几个小时，然而最终一切都恢复正常。物种得到了进化，之所以会这样，是因为大自然在不断淘汰最不适合的个体。他把这种机制称为“物竞天择”，与达尔文的用词分毫不差，并在一篇文章中阐述了他的思想，而这篇文章，他没有给任何人看，却偏偏寄给了达尔文。

在来信中，华莱士还请求达尔文把所附的文章拿给莱尔看，莱尔可是科学界的重量级人物，也是最理想的请教对象，不过华莱士从未与他见面。相反，达尔文与莱尔却有私交，所以采用这种方式来请求引见是很自然的。

达尔文读了这封来信及所附文章，不禁深感震惊。这简直就

1859 年 6 月，达尔文收到华莱士的一封重要来信，该信令其陷入道义困境

阿尔弗雷德·华莱士长期在东南亚工作。正是在这里，他提出了他的进化论，该进化论与达尔文的理论非常相似。图为华莱士坐在放着天堂鸟标本的桌前

是他本人的理论，甚至几乎一字不差。他失望之极，拿起笔来对莱尔写道："你不幸言中，而且来势汹汹，我不得不先发制人……我从未见过如此惊人的巧合。假如华莱士早在 1842 年就写出了我的硕士论文梗概的话，他绝不可能写得出比这更好的摘要了！就连他所用的术语都是我书中各章的标题。"虽然华莱士没有要求达尔文将该文转给杂志发表，而只是让他转给莱尔过目，但只要莱尔认为这么做是对的，达尔文还是愿意这样做。不过同时他也哀叹

自己的不幸："我所有的发现和创意，无论有多么伟大的意义，都将付诸东流。"[10]

胡克很快就被卷入讨论之中，三个人之间的信件往来不断。达尔文陷入了一个令人不安的道德困境。一方面，作为一名绅士，他现在很难把自己的手稿寄出去出版，因为他知道华莱士也有同样的理论构想，况且华莱士还把自己的论文交由达尔文来决定下一步如何推进；另一方面，达尔文一想到20多年来努力奋斗的一切就这样化为乌有，他就无法忍受。"但是，既然我原本并没有打算发表任何理论概要，我能（仅仅）因为华莱士给我寄来了一份他的学说大纲，就赶紧堂而皇之地去发表吗？我宁愿将我的整本书烧掉，也不愿他或任何人把我这么做看成戚戚小人之所为。你难道不认为他给我寄来的这篇概要束缚了我的手脚吗？"[11] 一个星期之后，达尔文这样问莱尔。

在林奈学会的联合亮相

似乎这还不够，唐恩村染上了猩红热，许多居民都得了重病。达尔文家最小的孩子是村里那些生命危在旦夕的孩子之一，所以在这个让人忧心如焚之际，达尔文就把此学术之事托给莱尔和胡克去处理了。7月1日，林奈学会为选举新成员召开了一次特别大会，这让他们有机会搞出一个巧妙的解决方案。就像两位"火枪手"一样，胡克和莱尔挺身而出，以确保华莱士和达尔文的理论能够在这次会议上同时亮相，并使两人对科学所做出的贡献都得到认可。为了确保后人能够理解并认可他们一致认为的达尔文理论占先的观点，他们在会上宣读了达尔文1844年的一篇论文和1857年写给他在哈佛大学的美国同行阿萨·格雷的一封信的片段，在这封信中，达尔文附上了一篇自己的理论概述。最后，华莱士的文章《论变种无限地偏离原型的倾向》也在会上被宣读。

达尔文没有出席这个历史性的场合。他的儿子三天前去世了，葬礼在7月1日举行。在这个时候，除了他的家人，他根本不可能想别的事情。当然，华莱士也不在场，他人还在马来西亚。事实上，甚至没有人问过他是否赞成他对达尔文的请求最终被处理成这样，一个格局不大的人可能会因为无人告知就被他人分享荣誉而恼怒。然而，华莱士并不是那种人。他后来回忆说："当然，我不仅赞成，而且觉得他们给我的荣誉和信任比我应得的还要多得多。我当时只是记下了自己突然的感悟，匆匆写好后就立即发出去征求达尔文和莱尔的意见，虽然这与达尔文长期辛勤求索的结果处于同等水平，但达尔文是先于我20年就已经达到了这一点的。"[12]

以我们今天的看法，上述两位的理论共同亮相是自然科学史上的决定性时刻之一，但没有人可以说，其实当时的人们也是这么认为的；甚至也没有人能说，当时就有人真的注意到了这一点！恰恰相反，时任林奈学会会长的托马斯·贝尔在其年度报告中总结说："过去的一年，并没有任何显著的惊人发现。这么说吧，这些发现并未突出到能立即给其所处的科学领域带来革命性的改变。"[13]

雌雄选择

达尔文和华莱士的思维路径非常相似，但在一点上他们的看法是相左的。达尔文认为物竞天择包括一种他称之为“雌雄选择”的现象。华莱士不同意这个观点，但是关于这个问题的大部分讨论都发生在达尔文死后，因此达尔文本人并未参与其中。今天，大多数生物学家都同意达尔文的观点，认为雌雄选择是进化机制的重要组成部分。

同一物种的雄性和雌性之间有一个明显的区别，那就是它们有着不同的性器官。但是，正如达尔文和在他之前的许多人所指出的，通常还有许多其他的差异使得雄性和雌性很容易被区分。雄性象海豹的体形是雌性象海豹的两倍多，它们有一个奇怪的、像树干一样的鼻子，并因此而得名。雄性一角鲸长着又长又直的獠牙；公麋鹿有一对鹿角；而在许多鸟类中，处在交配期的雄鸟的羽毛更绚丽多彩。即使是两性外观相似的物种，它们的行为也可能非常不同。雄性园丁鸟会花好几天用五颜六色的花朵和树叶来装饰自己的鸟巢；座头鲸会为潜在的伴侣唱又长又复杂的歌；雄性青蛙会整夜呱呱叫。

达尔文发现，要把孔雀巨大的尾屏、麋鹿沉重的鹿角或犀牛甲虫奇特的角解释为“正常”选择过程的产物，那会是非常艰巨的挑战。毕竟，对一个生物个体来说，一直都拖着一条巨大的尾巴或顶着一对沉重的鹿角到处走，能有什么好处呢？达尔文认为，在生存斗争中，这种特征更令人讨厌，也更不利，“除非具有这种特征的个体因此能获得其他一些优势，例如对潜在伴侣更具吸引力，并能将这种优势遗传给下一代”。[14]

因此，无论是雄性倾向于长出一对精致的鹿角或者一扇壮观的尾屏，还是雌性倾向于喜欢雄性的大鹿角和长尾，如果这两者都是遗传使然，那么这就存在一个机制，它可推动物种朝着那个方向进化，即使它并不带来其他的优势。这就是达尔文所谓的“雌

鹿角甲虫
阿尔布雷克特·丢勒绘

雄选择”机制。

达尔文用了犀牛甲虫作为雌雄选择的一个例子。许多不同种类的犀牛甲虫都长出了奇妙的“鹿角”或者“角”。它们的祖先曾生活在洞穴中，因而若能用角来保护洞穴免受其他甲虫的侵害，那无疑是一种优势。这也解释了长角的能力在该族群中如此普遍的原因，即它在捍卫地盘方面会很有用。一旦有了角，雌雄选择就会刺激此类甲虫生长出我们今天所看到的那些奇形怪状的角。

在许多不同的物种中，都可以见到雌雄选择的典型表现形式，即雄性为争夺雌性而战。例如，象海豹会为了接近有繁殖力的雌性而争斗，因为那时雌性象海豹会被拖到海滩上，所以其争斗还包括保持该地盘不被其他雄性象海豹侵入。这种行为自然对体形最大的、最强壮的雄性个体有利。一只领头的雄性象海豹，俗称“海滩主人”，可以用这种方式保护由多达 100 只的雌性象海豹组成的“后宫”。这就要求它必须体格庞大，体重超过 2.5 吨，这几乎是雌性象海豹体重的 4 倍。而且它必须严格守卫其在海滩上的领地，在此区域内移动的任何物体都会受到攻击，包括海狮或碰巧登上这片海滩的人类（比如研究人员）！

对于没有地盘或“后宫”需要保护的雄性来说，挑起一场争斗几乎不会有什么损失，而如果不这么做，他就会在繁衍后代的游戏中落败。所以，交配时的海滩堪比战场，不断发生着流血冲突和对抗。然而，一小部分雄性象海豹通常都能找到一种方法来避免战斗，同时仍然可以接近雌性象海豹。它们会在地盘周边保持低调，在最不容易引起“海滩主人”注意的地方，趁它忙着胖揍别人的时候偷偷溜进去。这种策略非常成功，至少每一个象海豹种群中都有一些雄性象海豹尝试过该策略。[15]

一对雌雄象海豹。1800 年前后的一幅彩色版画

雌性的选择

达尔文还注意到，决定谁可以与雌性交配的因素，并不仅仅是雄性的体形和战斗能力，雌性在这件事上也有不小的发言权。“雌性……除了极罕见的，并没有雄性那么如饥似渴。”他写道，“雌性虽然相对被动，但通常也会做出某种选择，在众多雄性中优先

长着求偶羽毛项圈的两只雄性流苏鹬，它们前面站着一只雌性流苏鹬
约翰·弗里德里克·瑙曼（1780—1857）绘。

择一而从。就雌性而言，这种做选择的努力，似乎和雄性的渴望一样，也是一条普遍规律。”[16]

在许多鸟类中，雌性的选择是显而易见的。在繁殖季节，披肩榛鸡和黑琴鸡都会在被称为“求偶场”的特定地点表演一种例行的求偶舞蹈——“雷克”。几只雄性松鸡可能在同一个“舞池”里各自占据一块地盘，雌性松鸡则聚拢在附近，显然是要根据雄性松鸡在舞蹈中的表现来选择配偶。在一年中的大部分时间里，在未经培训的人看来，雄性披肩榛鸡就和任何其他中等体形的褐色涉水鸟一个样。但是在繁殖季节，它会长出引人注目的竖起的羽毛项圈，并由此得名。占据求偶舞场中心的雄性松鸡有黑色或深色的项圈，而那些在边缘徘徊的雄性松鸡则有白色或浅色的项圈。有深色项圈的雄性松鸡有很强的地盘意识，它们会努力把雌性松鸡引诱到自己在舞池的地盘上。有浅色项圈的雄性松鸡无法控制任何地盘，但它们会设法接近雌性，来来回回地在边缘徘徊，只要一逮住机会就会跳进去。第三组披肩榛鸡的策略与低调的象海豹相似：它们的羽毛完全模仿雌性松鸡的羽毛，因此它们可以通过与舞场周围一群心怀仰慕的雌性松鸡混在一起，偷偷地寻找交配机会。[17]

至于海鬣蜥（达尔文在“贝格尔号”航行中近距离遇到过），其雄性也会用占据地盘来试图吸引雌性以完成交配。没有地盘的雄性海鬣蜥与雌性海鬣蜥交配的机会很渺茫，这就解释了那只被达尔文随意扔进大海的海鬣蜥为什么每次重新爬上陆地时都要急于返回原地。

即使是每天都有的鸟鸣现象，也有双重功能：雄鸟鸣唱不仅是为了向其他雄鸟宣告它们已占据一块地盘，而且也给了雌性选择自己中意的“歌手”的机会。无论是会“跳舞”、会“唱歌”的鸟，还是其他任何会“表演”的动物，我们都可以想象，它们的表演品质可以提供有关其雄性多么强壮和多么“适合”生存的信息。这些品质可以遗传给后代，所以雌性在选择配偶时也许会注意这些品质。

另一个例子是座头鲸，它唱的是一种很长很复杂的水下歌曲，在很远的地方都能听到。有人认为，这歌声是在告诉这个海域里的任何雌性座头鲸，唱歌的这只雄性座头鲸的体魄有多么强健。不管怎样，这至少表明它能在水下长时间屏住呼吸。据推断，座头鲸体形越大、体质越强壮，它能屏住呼吸来继续歌唱的时间就越长。[18]

夏尔·奥尔比尼所著《世界自然历史词典》（1867 年）中的孔雀插图

有缺陷的雄性

雄性需要用粗壮的角、长尾、艳丽的色彩和巨大的獠牙来赢得雌性的青睐，这中间显然存在着悖论。有着和新娘婚纱下摆一样大的尾巴，孔雀就成了捕食者的目标，根本难以逃脱；色彩艳丽的鸟或青蛙，对它们的敌人来说，要比单纯的绿色或棕色更为显眼，因为绿色和棕色的鸟和青蛙可以隐匿于灌木丛中；巨大而笨拙的鹿角，致使鹿很难轻松地在树下和灌木丛中腾挪奔跑。因此，以色列生物学家阿莫兹·扎哈维提出，这些特征的发展表明，尽管上述雄性动物有此种缺陷，但它们仍然“适合战斗”。[19] 因此，大张着华丽羽毛尾屏的孔雀实际上是在宣告，正是因为它躲避捕食者、养活自己、保持健康和不受寄生虫侵扰的能力如此之强，所以它才会有余力发育出夺人眼球的尾屏这样一个极其无用的身体附件。

两性冲突

自达尔文搁笔以来，雌雄选择理论已经朝几个新的方向发展了。20 世纪 70 年代，美国生物学家罗布·特里弗斯对两性之间的冲突进行了分析，从而拓展了这一理论，并由此为其增添了一个新的方向。[20] 他的理论从配子或生殖细胞开始。因为一个典型的卵子比精子大几千倍，所以雌性在产出卵子上投入的能量必定远大于雄性为产生精子细胞而投入的能量。在几乎所有的动物中，雌性动物在受精卵上的投入也比雄性动物的大得多。在哺乳动物中，胎儿在雌性体内发育，在数周或数月的时间里大量消耗母体的资源。在此之后，接踵而至的是代价更为高昂的喂养阶段，包括产后很长一段时间内为新生儿哺乳和提供全面照顾。

根据特里弗斯的观点，这种投入上的不平衡意味着雄性和雌性的利益是不同的。如果我们假设它们都有一个相同的目标，即生育最大数量的存活后代，那么雌性就会通过非常小心地选择配偶来完成这一目标。既然每一个卵子，每一次受孕，都代表着如此重大的投资，雌性当然会非常谨慎地选择她能够找到的最佳伴侣。另外，雄性却没有什么可失去的。精子细胞在这里还是在那里并不重要，因为它们实在太小，所需的投入又是那么少。因此，与尽可能多的雌性交配，进而使自己基因遗传的机会最大化，这完全符合雄性的利益。当然，这条规则也有很多例外，例如，对于许多鸟类（以及一些哺乳动物）来说，它们后代的生存依赖于父母双方的养育。

骑马少年和大船

康拉德·马滕斯所绘水彩画，剑桥大学图书馆藏。

第9章

旷世杰作

“爵士，如果你读了这本书，你会变得多么野蛮，多么渴望把我活活钉死在十字架上！” 1859 年，达尔文在致休 · 福尔克纳的信中写道。

图片见《“贝格尔号”航行之动物学》。

达尔文的学说在林奈学会亮相之后，达尔文就比以往更忙了。现在，他的声誉取决于他是否能够兑现自己说过的话，即这部他多年来一直全力打造的代表作几近完成，当时在学会会议上被宣读的摘录节选，不过是他的思想的一个样本而已，大量内容还在后头。现在，是时候完成这项工作了。

达尔文最初计划撰写一部全面详尽的著作，以作为他对科学的贡献，但现在，他发现自己受环境所迫，不得不将该书压缩成他所说的“我的著作摘要”。他在这上面花了很大的工夫，此“摘要”也逐渐“膨胀”起来。1859 年 3 月，达尔文写信给莱尔，请教该如何就书的内容向约翰 · 默里阐述。“您会建议我告诉默里，说我的书不会比这绕不过去的主题还更不正统，说我不会讨论人的起源，说我不会带起任何有关《圣经 · 创世记》的讨论，说我只提供事实及由事实得出的在我看来很公正的结论吗？”他问道，“或者，我是否最好什么也不跟默里说，就假定他不可能反对如此不正统的学说，事实上，这一学说不会比任何地质学论文更过分，那才是跟《圣经 · 创世记》唱反调呢？”最后他询问莱尔对他提出的标题有什么看法[1]。

An abstract of an Essay
on the
Origin
of
Species and Varieties
Through Natural Selection
by
Charles Darwin M.A.
Fellow of the Royal, Geological & Linn. Soc.

London
[illegible]
1859
2

达尔文为其巨著所起书名的初稿，由于太过冗长而被出版商约翰·默里拒绝

关于
经由物竞天择的物种及
变种的起源之
论文摘要

我们不知道莱尔是怎么想的，但默里并不以为然。“一篇论文摘要！”人们几乎可以听到他在心里吼道，“那可不行，毕竟我得把这本书卖出去呀。”达尔文想要避而不理，但默里却实实在在地砍掉了这几个字，尽管标题页上的最终方案听上去依然太长而费劲：“论通过自然选择的物种起源，或生存竞争中优赋族群之保存”。

1859 年 11 月，这本书终于问世，但已长达 500 多页。虽然达尔文仍然坚持认为，这只是他所自称的“我的理论”的简短版本，但这本书已经不能再被称为“摘要”，甚至不能再被称为“论文”了。随着出版日期的临近，达尔文忙于向朋友、同行和评论家送出多达 80 本的样书。他还特别写信给一些人，他认为这些人可能会对他的著作做出最激烈的反应，所以他想要消弭他们可能产生的反对锋芒。理查德・欧文便是其中之一，达尔文在给他的信中写道：“我担心这本书在你的眼中是可憎的，但我向你保证，这是我的呕心沥血之作，我在这本书上所付出的努力远远超过其表面给人的印象。”[2] 对于休・福尔克纳，这位英国皇家学会成员和伟大的英国自然历史学家，达尔文致函的口吻稍微带点儿幽默也挺合适：“爵士，如果你读了这本书，你会变得多么野蛮，多么渴望把我活活钉死在十字架上！我担心它不会对你产生别的影响，但是，如果它使你感到哪怕只是一丝轻微的震惊，那么在这种情况下，我完全相信，年复一年，你对物种不变性的信念将会变得不那么牢固。”[3] 达尔文在剑桥时的老导师亨斯洛和塞奇威克，也都分别收到了一本样书，而且他保证书中不含任何对他们的不敬之词。

达尔文认为他的书可能会引起争议，这一点没错。与林奈学会对待其学术观点的不冷不热的态度相反，《物种起源》甫一出版就立刻大获成功。放在今天，我们几乎可以称它为一本畅销书。第一版在出版前就已告售罄，立即引起了轰动，印数更多的第二版也很快就被预订一空。这本书成功的一个方面，无疑就是其面向非专家读者的通俗易懂。很少有人能以一己之力一举改变我们对于整个世界构成的理解，更为罕见的是，任何受过教育的人都能通过达尔文表达自己的方式来理解他的推理。

达尔文本人也对这本书的成功感到有些惊讶。尽管他原本就打算将其面向公众而不仅仅是科学家，但听到购书需求如此之大，他还是吃了一惊。1860 年 1 月，艾玛收到一封熟人的来信，说是无意中听到有人在滑铁卢大桥火车站的一个小书报亭要买这本书。可惜，这本书已经卖光了，但报亭主人表示，听说这本书很了不起。

《物种起源》的内容

《物种起源》是一本很长的书，达尔文用来自世界各地的动植物王国的许多例子来诠释他的观点。火鸡和萝卜、月桂和狮子、响尾蛇和赛马、兰花和鸵鸟，没有什么东西会因为太大或太小而不能在这本书中占有一席之地。他明智而审慎地提出自己的论点，犹如律师在法庭上小心翼翼地从搜集的详细证据中一点点地还原案件。

达尔文1854年的一张照片，他的神情略显紧张。在致友人约瑟夫·胡克的一封信中，他表示想不通，就他当时这副模样，怎么还可能有哪怕一个朋友呢

在《物种起源》中，达尔文最终得出结论：进化确实发生过。地球并非一个任何事物都一成不变的地方，相反，这是一个永远都在不断变化的地方。当然，地球也不是最近才被创造出来的。这方面最有力的证据来自地质学：在最古老的地层中，存在着不复存在的生物体，而某些生命形态（如哺乳动物）显然是相对近期才出现的。

达尔文还认为，地球上所有生物都是由一个共同的祖先进化而来的。当我们说雀科鸣鸟属于一群有亲缘关系的鸟时，意思是它们彼此有亲缘关系。同样地，如果灭绝的巨型树懒和现在的树懒有共同的特征，那是因为它们曾经有一个共同的祖先。达尔文的这部分推理让人们议论纷纷，因为即使达尔文本人非常谨慎地避免这样说，人类物种暗中也必然与其他动物拥有一个共同的祖先。虽然身为解剖学家（如欧文那样）对讨论这个问题肯定有所助益，但其实并非一定要具备专业知识，才能弄清楚应在哪个动物家族中寻找人类的先祖。

达尔文得出结论，当已确立的物种朝着不同方向发展时，就会产生新的物种。无论是在加拉帕戈斯群岛上，在显微镜下，还是当他对藤壶进行长期研究时，他都看到了这方面的证据。加拉帕戈斯群岛的雀类也许对达尔文理解物种进化意义重大，但在他的巨著中，他也不过就是把它们一笔带过而已。书中更为核心的是，他认为这促进了新物种进化的机制，即物竞天择。借助植物和动物育种者所使用的选择过程做类比，达尔文向读者展示了他认为在自然界中也起作用的原则。在这里，只有为生存而进行的斗争，才能将最适合的物种与不那么适合的物种区分开来。正如他在该书第四章中写道的：“可以这么说，在全世界范围内，物竞天择的机制每日每时都在审视着每一个变化，哪怕是最微小的变化。它拒绝劣者，保留并会集所有良者。”[4]

达尔文还深入、详细地解释了他在物种内部看到的变异是如何导致新物种产生的，那是逐步而又漫长的过程。莱尔关于地质时间无远弗届的论述并没有在达尔文这里消失，随着对化石证据的积累，新物种在类似的亿万年间的逐渐发展变得越来越清晰。这种发展过程在植物和动物育种中也有相似的体现。马或狗的新品种并非一夕之间就能出现。达尔文以对他所提出的新世界观的有力而诗意的赞美作为本书的结束语："这种生命观是伟大的，生命具有多种力量，它最初是被赋予或多种或单一的形态而存在的。当地球这颗行星按照万有引力的固定规律循环往复转动时，无数最美丽、最奇妙的生命形态恰是从如此简单的开始进化而来，并依然在进化之中。"[5]

该书反响

这本书相对比较容易阅读，也就是说，即使事先没有积累任何关于这个主题的知识，许多读者也能够参与出版后的辩论。达尔文以他特有的方式，让自己多多少少隐身于幕后，而让别人为他而战。争斗者并不缺乏。赫胥黎冲在前面，用不吝赞许的辞藻评论这本书；胡克的评价当然也很正面；而达尔文在哈佛大学的朋友兼同行阿萨·格雷则在美国媒体上发表了一篇热情洋溢的书评。

然而，并不是所有的反应和评论都是积极的。批评的声音分为两派：一派担心达尔文正在破坏《圣经》中的世界观和教会的世界观（这一点很难辩驳），另一派则从更科学的角度指出达尔文论据中的弱点。后者的主要代表人物是理查德·欧文，他后来成为达尔文最顽固的批评者之一。欧文和达尔文在这本书出版后不久就见了面，但那是一次不欢而散的会面。在表面的彬彬有礼之下，欧文的敌意和傲慢几乎未加掩饰，他根本不屑于对以前的好朋友说出任何赞美之辞。“我们并不想知道达尔文相信或者深信什么，我们只想知道他能证明什么。”[6]欧文冷笑着说。达尔文对这一点坦然认同，承认他的著作在这方面是有缺憾的。他甚至承诺，在未来的版本中，他会尽量修改一些“我相信……”或“我深信……”

理查德·欧文在书房

CELEBRITIES OF THE DAY—PROFESSOR RICHARD OWEN

DRAWN FROM LIFE

Richard Owen

之类的文字表述。但欧文却只管在伤口上撒盐："接着，你就会毁了你的书，这本书的魅力不过就在于是达尔文本人写的。"[7]

欧文还写了一篇关于《物种起源》的特别粗鲁和轻蔑的书评，这篇评论被匿名发表在1860年的《爱丁堡评论》上。该文频繁援引欧文自己的观点和出版物，显露出他就是该文的作者。曾经建立在相互尊重和钦佩基础上的友谊（毫无疑问，也建立在双方都对对方的事业有用这一事实之上），随着时间的流逝，变成了一种苦涩、不可调和的敌意。当欧文后来卷入与胡克的一场更加激烈的论战时，达尔文理所当然地支持胡克，并就欧文这个人致信胡克说："我曾经为那么恨他而感到愧疚，但现在我要小心翼翼地珍惜我的仇恨和鄙视，直到此生的最后一天。"[8]

理论问题

在达尔文理论的证据中，最大的漏洞就在于化石记录中缺少过渡形式。尽管达尔文曾试图用一整章的篇幅来反驳那些他认为批评家们会提出的反对意见，但他并未成功。这正是他的那些最认真的对手攻击他的地方。如果说所有的物种都是由其他物种逐渐进化而来的，那我们为何找不到作为二者之间"缺失的链环"的化石呢？对于这些问题，达尔文只能重申他在《物种起源》一书中所写的："我只能在一个前提下回应这些问题和严重的反对意见，那就是假定地质记录远比大多数地质学家所认为的更不完美。"[9]

达尔文理解得非常正确，绝大多数动植物死后都不会留下痕迹。它们要么被其他动物吃掉，要么很可能只是慢慢腐烂殆尽。骨头是最后消失的部分，但在阳光、风雨和霜冻的作用下，它们也会化为尘土。另外，植物或动物要变成化石，必须在死后立即被沙子或泥土的沉积物覆盖，以保护其不受天气效应或食腐动物干扰。然后，还得有更多的沉积物覆盖其上，它才能开启变为化石的过程。然而，如果死去的动物或植物躺在森林里、山坡上或任何其他高地上，这一过程就永远不会发生。要成为被沉积岩层覆盖的化石标本，其唯一的可能性就是当初它停在了河床、湖床上或海洋中。其软组织通常会迅速分解，只留下骨骼和结构纤维。然后，在数百万年的时间里，一个渐进的变化发生了，即来自周围沉积物的水性矿物质慢慢取代了原始组织中的矿物质。在随后而来的压实和增压的地质发展过程中，生物体将经历石化，即变为化石。

在经历了这一系列漫长过程的少数标本中，大多数从未被发现，因为它们深埋在海底或河床下的沉积层中。一块化石要能够被发现和挖出，其所嵌入的沉积层必须以某种方式暴露出来，不论是通过地质隆起及随后的侵蚀，还是通过采矿和采石活动。可以用作进化证据的植物化石比动物化石要少，不是因为植物进化得更少,而是因为它们留下的化石比动物留下的化石更少。很明显，植物缺乏骨骼，而且它们很少长有坚硬的外壳和其他可以变成化石的结构。

在达尔文时代，古生物学是一门新兴的科学，那时被正确分类的化石很少。达尔文知道，一块化石从最初形成到后来被发现的概率简直微乎其微。毫无疑问，如果他知道，在他之后的几代古生物学家将发现大量化石来证实他的理论，他一定会喜不自禁。

发现始祖鸟

第一个“缺失的链环”实际上是在达尔文还活着的时候被发现的。在今天德国南部索尔恩霍芬的一个石灰岩采石场，当时有一块异常精细、保存完好的化石被发现了。显而易见，这是一种类似鸟的动物，有翅膀和羽毛。但与鸟类不同的是，它有牙齿，有一条长长的尾骨，而且它的脚和翅膀上都有爪子。

发现始祖鸟的德国南部索尔恩霍芬采石场

伦敦所藏的始祖鸟标本

令德国人抱憾不已的是，这第一个始祖鸟标本最后却被留在了伦敦。这一个标本以 700 英镑（在当时堪称天价）的价格被卖给了大英博物馆，理查德·欧文就在那里翘首以待。不久之后，另一个更精细、保存得更好的始祖鸟标本在索尔恩霍芬被发现了，这个标本总算留在了德国。今天我们仍然可以在柏林自然历史博物馆看到该标本，而且它理所当然地被视为该馆最珍贵的馆藏之一。

伦敦始祖鸟是一个很好的标本，当时的科学界核心圈内的许多人物都慕名到大英博物馆参观且对这个令人兴奋的新化石极为欣赏。休·福尔克纳本人就是古生物学的先驱，同时也是自然历史学家，他兴高采烈地给达尔文写信说："得亏索尔恩霍芬采石场接到指令，受托找出一个达尔文式的奇异存在，否则他们就不可能发现始祖鸟，从而如此漂亮地执行这个命令了。"[10] 欧文争分夺秒地筹备撰写对新化石的描述，并将其提交给了英国皇家学会。但是达尔文不应该过于关注欧文所做的"粗制滥造的草率解释"，福尔克纳说。福尔克纳断言，"这是一种比描述者脑子里所构想的还要令人震惊的动物"。欧文铁了心不信达尔文的理论，他在始祖鸟身上没有看到任何过渡性的特征：这就是一只鸟，当然也是一只奇怪的鸟，有牙齿和骨质的尾巴，但它毕竟还是一只鸟，正如他向英国皇家学会的听众们所解释的那样。

赫胥黎抓住机会，既要贬斥欧文，又要支持达尔文，他提出了一个新的解释。他承认爬行动物和鸟类的外表非常不同："从外表上看，没有哪两大类生物能比爬行动物和鸟类更加截然不同。把蜂鸟和乌龟、鸵鸟和鳄鱼并排摆放，就会形成最强烈的对比；鹳鸟和被它吞下的蛇，除了动物性，毫无共同之处可言。”[11] 但他接着继续指出了始祖鸟的几个特征，这些特征表明它起源于爬行动物类目，包括牙齿、骨质的长尾和翅膀上的爪子。在不久之后发表的一篇文章中，他采取了最后一步，直接提出鸟类是恐龙的后代。

然而，关于鸟类起源的争论并没有就此停息。事实上，在达尔文、欧文和赫胥黎死后，此种争论一直持续了一百多年。直到 20 世纪 90 年代，长着羽毛的恐龙化石遗迹首次在中国被发现，这才确定了鸟类的确是恐龙的后代。其实，人们甚至可以说鸟类是唯一幸存的恐龙。

长羽毛的恐龙

证明鸟类就是有羽毛的恐龙的证据出现在中国东北的辽宁省，在过去的近 30 年里，在辽宁省一直有令人惊奇的化石被发现。由于这些动物身上覆盖着一层层的火山灰，从而保存着精细的细节甚至是软组织，因此来自这一地区的化石尤其能够说明问题。在所发现的许多物种中，有触角很长的蟋蟀，甚至还有连翅膀上的纹路都清晰可见的蜻蜓。但最不寻常的化石便是有羽毛的恐龙。到目前为止，已经有 20 多种截然不同的恐龙被发现，所以很明显，有羽毛是这个地区的恐龙的普遍特征。甚至原型恐龙霸王龙的近亲也被发现有羽毛。

很明显，辽宁恐龙中有很多都不会飞，这更加佐证了这样一

一种长羽毛的恐龙，即中华龙鸟，发现于中国辽宁省岩层

个观点，即它们的羽毛最初是为了飞行之外的原因才进化而来的。或许最初的功能是给恐龙保暖？对大多数鸟类，包括不能飞的鸟类来说，羽毛的隔热性能显然是一项重要的特性。我们制作羽绒服和羽绒被也是利用了羽毛的隔热性能。还有一种可能性是，羽毛是作为个体之间或物种之间传递信号或交流的一种方式而进化出来的。羽毛的这种功能对今天的鸟类仍然很重要。

四条腿的鱼

有羽毛的恐龙的化石并不是支持进化论的唯一证据。现在人们发现的化石之多，是达尔文做梦都想不到的，这为不同的动物群体，甚至植物群体（程度较小）之间建立了联系。1899 年，人们在格陵兰岛东部发现了一个有着大量激动人心的化石的地方。发现这个地方的瑞典探险队，当时其实是在执行一项完全不同的任务，即寻找探险家萨洛蒙·奥古斯特·安德烈两年前进行北极热气球探险的踪迹。萨洛蒙探险队成员消失得无影无踪，但搜寻队却发现了令人兴奋的化石源。1931 年，丹麦和瑞典联合派出一支探险队，对这片荒无人烟的海岸地区进行了进一步的调查。他们发现了世界上最重要的化石之一，而这种动物的石化骸骨后来被命名为鱼石螈。一件事可以引发另一件事，即使在科学界，机缘巧合也可能意义非凡。

鱼石螈极其特别，因为它是第一个把鱼和四足动物联系起来

棘螈的模拟复原像，其外形或许与大鲵相似

的化石。那些认为四足动物——哺乳动物、爬行动物和两栖动物都是由鱼类进化而来的观点，并没有太多坚持下去的底气，除非舍此便无任何其他的可能性。但是鱼石螈突然提供了鱼类和两栖动物之间原本缺失的重要联系。鱼石螈大约有5英尺长，腿短，尾巴又长又像鱼，头又宽又扁，有点儿像大鲵。很快，人们又发现了其他四足动物化石。在格陵兰岛发现了另一种四条腿的鱼，它被命名为棘螈。

剑桥大学脊椎动物古生物学教授珍妮·克拉克对所有四足动物的这些远祖的研究可能比其他任何人都多。1987年，她在格陵兰岛东北部的高地进行了一次探险，并在那里收集了大量棘螈和鱼石螈的化石残骸，从而有了一系列突破性的发现。回到实验室之后，她仔细地处理了那些化石，由此揭开了一个巨大的惊喜。棘螈的桨状脚不是由 5 个，而是 8 个“指”组成，而鱼石螈却有 7 个脚趾。因此，目前所有哺乳动物、两栖动物和爬行动物共有的“5 指”模式并不是进化的初始（也不是唯一的）模式。

这两种四足动物似乎有着截然不同的生活方式。珍妮·克拉克总结指出，棘螈大部分时间都待在水里，会慢慢地爬来爬去寻找食物；而鱼石螈是一种更活跃的、更具攻击性的动物，能够从水中爬到陆地上，在两种环境下都能四处走动。[12] 早期四足动物留下的足迹化石已在世界各地被发现，比如爱尔兰凯里郡的瓦伦西亚岛。

2006 年，另一块同类化石在加拿大的埃尔斯米尔岛被发现，从而终结了这一系列的发现。这正是在寻找一种物种来填补棘螈、鱼石螈和鱼类之间断隙的过程中，古生物学家心心念念想要找到的化石。显然，提塔利克鱼仍然是一条具有四足动物的许多特征的鱼，其扁平的头部看起来很适合在浅水区生活。它的胸鳍有强壮的骨骼，这表明其胸鳍至少可以部分地支撑其体重。它失去了鱼身上多骨的鳃盖，所以它的颈部可以自由转动。虽然它仍然有鳍条，但它的鳍条却比普通鱼的要小。在与同事佩尔·阿尔伯格共同撰写的文章中，克拉克比较了提塔利克鱼和始祖鸟的重要性：“它是介于鱼类和陆地脊椎动物之间的一种关联，随着时间的推移，它也会像始祖鸟一样成为进化的标志。”[13]

珍妮·克拉克提出，提塔利克鱼的肢状鳍，以及后来的棘螈和鱼石螈的腿，对生活在松软或泥泞水底上方浅水中的动物非常有利。腿的进化并不是为了让动物能在陆地上行走，而是为了让它们能在浅水里四处移动。只有当腿在水中进化出来后，陆地动物的进化才能开始腾飞。

人们早就知道，四足动物的祖先应该到肉鳍鱼类中去寻找。这一鱼类种群与其他鱼类种群的不同之处在于，它们肉质的、叶状的鳍是和小骨头一起附着在身体上的。它们的胸鳍和腹鳍后来进化成四足动物的四肢，鳍骨变成了前腿和后腿的骨头。肉鳍鱼以腔棘鱼和三个科的肺鱼的形式存活至今，但这些并不是最早的四足两栖动物的祖先。这一始祖角色现在被归于一种名为希望螈的已灭绝鱼类，它与提塔利克鱼有许多共同的特征：头部扁平，眼睛长在头顶，有骨质的尾巴，颅骨中有一些其他鱼类没有的特殊骨骼。

需要特别强调的是，正如始祖鸟不是鸟类的祖先一样，提塔利克鱼并不是四足动物的祖先。即便如此，这些化石的存在同样至关重要，因为它们表明，不同动物群体之间确实存在过渡形态。

鲸

通过发现越来越多的化石，另一大动物种群——鲸目动物的起源得以被确定。鲸目动物是一类非常特殊的动物，有许多与其他哺乳动物截然不同之处。它们没有毛发，也没有毛皮。它们的鼻腔不是在头部前端，而是在头顶部的气孔里。它们的后腿消失了，前腿变成了鳍。然而，它们却是哺乳动物，会在生下幼崽后给幼崽哺乳。哺乳动物在陆地上进化，最初要适应陆地上的生活，因此鲸鱼一定是由生活在陆地上的哺乳动物进化而来的。历史上有三个哺乳动物种群“重返海洋”，并适应了完全不同的生活环境，它们是海豹、海牛和鲸目动物。虽然这些动物在某些方面都变得相似了，但它们的起源却大不相同。

如果达尔文关于物种是经过多年的渐进过程进化而来的理论是正确的，那么地球上必定存在过一个完整系列的物种，而在其中一些的身上，我们应当可以看到今天鲸类动物的水生适应性逐步进化的痕迹。而这正是化石记录所讲述的故事。

已知最古老的鲸类化石是在巴基斯坦出土的，因此得名“巴基斯坦古鲸”非常合适。它与今天人们所知的任何鲸鱼都不像。巴基斯坦古鲸是一种小型长腿食肉动物，体形和狼差不多，它一生中的大部分时间可能都在浅海、湖泊或河流中捕食鱼类，但它也可以在陆地上四处奔跑和狩猎。使它进入鲸类祖先之列的是它内耳的特殊骨骼结构，这一特征在所有现存和灭绝的鲸类动物身上都有，但在其他哺乳动物中却没有。

游走鲸是另一种来自巴基斯坦山区的早期鲸类化石。从比巴基斯坦古鲸化石更年轻的地质层岩石状况来看，它显示出对水中生活方式的进一步适应：更短的后腿非常适合游泳，很可能还有蹼足，尽管这些在化石中都看不到。游走鲸可能生活得有点儿像今天的鳄鱼，它会潜伏在浅水区伏击猎物。

同样来自巴基斯坦的罗德侯鲸比游走鲸的年代更晚一些，甚至更适应水中的生活。其后腿更小,鼻孔也从鼻子前端上移到了头部。罗德侯鲸有非常短的颈椎，这是常见于所有现代鲸类动物的一种适应变化，可以防止颈部弯曲。这个特点看起来很奇怪，但如果想游得快,这一点其实是非常有用的。脊椎骨上较长的棘突也表明，罗德侯鲸也和现代鲸鱼一样拥有强壮的背部肌肉，它会利用这些肌肉来上下摆动尾巴，以增强推进力。因此，罗德侯鲸可能也有尾鳍。

由于龙王鲸的存在，这些物种转变为真正的鲸鱼的演化进程几乎就完成了。人们在世界上许多地方都发现了龙王鲸化石，它最初被认为是一种大型爬行动物，是恐龙的水生近亲。唯独理查德·欧文证明了龙王鲸实际上不是爬行动物，而是哺乳动物，尽

两只早期鲸鱼的复原像。上图为巴基斯坦古鲸，下图为游走鲸

管他并没有将其认作鲸鱼。然而，这确实是一条鲸鱼，而且是一条非常大的鲸鱼，它长达 20 米，只有非常小的、几乎无用的后腿。

人们已经发现了成千上万不同种类的鲸和原始鲸的化石，使得追溯现代鲸类动物的祖先到其最初的起源成为可能。地质学家兼解剖学家威廉·弗劳尔是最早提出“鲸的祖先”这一概念的人士之一，他在 1883 年提出，鲸是一种已灭绝的有蹄类动物——中爪兽科动物的后裔。[14] 尽管现代鲸鱼没有可见的后肢，但它们体内常见有小的残骨，且不依附于骨骼，这暗示了它们的祖先的样子。弗劳尔将这些骨头与已经灭绝的动物群中相应的骨头联系了起来。

多年来，人们对早期鲸鱼化石的发现倾向于支持弗劳尔的观点，其骨头和牙齿都指向中爪兽科动物。然而，最新的证据却表明，鲸类动物更有可能来自中爪兽科动物的姊妹种群——偶蹄目动物（artiodactyls）或偶蹄类动物（even-toed ungulates）。[15] 无论如何，这两个种群的动物都是有蹄类动物，除了脚趾，其他方面都非常相似。或许这并没有那么重要，除了对那些对这两个种群有特殊兴趣的分类学家。令人惊讶的是，既然鲸鱼是偶蹄目动物的后代，那就意味着它们的现代近亲还包括长颈鹿、鹿、猪和河马。这些最初由古生物学家基于解剖学基础得出的结论后来被 DNA 研究证实，而这些研究还表明鲸鱼和河马有共同的祖先。[16] 对于达尔文的进化论，几乎没有比这更好的证据了。

达尔文的鲸鱼

达尔文也思考过鲸鱼的进化。为了说明物竞天择是如何起作用的，他在《物种起源》一书中描述了一个假想的例子，即一种已知动物如何逐渐进化成类似鲸鱼的动物，即便它不是真正的鲸鱼。他的例子是基于18世纪为加拿大哈德逊湾公司工作的英国探险家塞缪尔·赫恩所做的观察。“在北美，赫恩看到黑熊张着大嘴游泳数小时，像鲸鱼一样在水中捕捉昆虫。即使在像这样的极端情况下，如果昆虫的供应是源源不断的，而且这片旷野中已经不存在适应得更好的竞争对手了，那我认为，通过物竞天择，黑熊种群可以在自身结构和习惯上毫不费力地演化出越来越多的水生特性，包括越来越大的嘴，直到变身为像鲸鱼一样的巨大生物。”[17]

但是很少有人真正理解了达尔文的本意。理查德·欧文以为达尔文是真的相信熊是鲸鱼的祖先，并为此公开嘲笑了他。在后来的版本中，达尔文不再试图进一步解释这个例子。他干脆删除了整段内容，尽管他仍然认为这是一个有效的例子。他写道：“好笑的是，为了这只熊，我经常受到攻击和歪曲。”[18]

就像我们今天一样，达尔文肯定会很高兴知道，鲸鱼确实是由有蹄目动物这样一个不可思议的种群进化而来的。

巴塔哥尼亚欲望港沿岸的悬崖

康拉德·马滕斯所绘水彩画，剑桥大学图书馆藏。

第10章

缺失的链环

“因此，已灭绝的类人猿很可能在非洲居住过，它们与大猩猩和黑猩猩有着密切的亲缘关系。鉴于这两个物种现在是人类最亲密的盟友，我们的早期祖先更有可能生活在非洲大陆，而不是其他地方。”摘自达尔文的《人类的由来》（1871年）。

图片见《“贝格尔号”航行之动物学》。

尽管达尔文在《物种起源》一书中几乎没有提到人类的起源，但这一点还是很快就引起了人们关于这个问题的激烈交锋。他对此的唯一评论就是含蓄地提到将适用于动物的推理同样应用于人类的有效性："人类的起源及历史终将被揭示。"[1] 当然，他并不是唯一一个思考这个话题及其含义的人。例如，查尔斯·莱尔也对人类史前史感兴趣，而且他正在写一本与这方面有关的书。达尔文在给他的一封信中评论道："你曾经告诫我对人类话题要小心谨慎，我怀疑我将不得不把这种警告再加百倍奉还于你！"跟同行们，达尔文可以畅所欲言。毫无悬念，他很清楚人类的祖先可追溯到最早的洪荒之时，而且人类与其他所有的生灵拥有共同的祖先。他还在一个脚注中补充道："我们的祖先是在水中呼吸的动物，长着鳔、一条了不起的用于划水的尾巴和一个不完美的头骨，而且无疑还是雌雄同体！这就是令人愉快的人类谱系……"[2]

但目前，达尔文将自己的思想仅限于在和志同道合的朋友和同行私下通信时交流。他认定，人类应该是自然的一部分，受同样的自然规律限制，并且是猿类的后代，这些让同时代的人难以接受。然而，他低估了他的同代人从其理论中自行得出上述结论的能力。

争议：人类的起源

尽管达尔文竭力避开争论这个敏感的话题，但他却无法阻止别人这样做。达尔文的书出版后，围绕他的思想的许多方面出现了热议。然而，除了人类的起源问题，没有什么更能引发如此激烈的争论，吸引如此多的关注了。欧文是他最主要的批评者之一。根据欧文的说法，人类和类人猿的大脑结构存在着根本性的差异，因此人类绝对不可能是类人猿的后代。但托马斯·赫胥黎总是准备好与人辩论，尤其是和欧文，因为赫胥黎有一个非常有利的反驳武器。他指出，在一篇关于哺乳动物的科学论文中，欧文本人曾强调人与猿之间的相似性。赫胥黎说："我发现欧文教授的观点与我的观点简直如出一辙，这可真是难得的开心事，我忍不住要引用其论文中的一段。"[3] 他引述的那段话是这样说的："我无法对结构普遍相似性的意义视而不见。每一颗牙齿、每一根骨头都有如此密切的同源，这使得确定人类和古猿之间的区别成为解剖学家的难题。"

赫胥黎的观点正中要害：尽管欧文从未承认自己的错误，但他确实从其论文的后来版本中删除了这句惹麻烦的话。这场争论一直持续不断，到 1860 年在牛津大学博物馆举行的英国科学促进会的年会上达到高潮。著名演说家、牛津主教塞缪尔·威尔伯福斯对进化论的支持者进行了猛烈抨击。在随后的辩论中，他还挖苦赫胥黎："你口口声声说自己是猴子的后裔，难不成猴子是你祖父或祖母？"赫胥黎无疑被大厅里的暴烈气氛弄得火冒三丈，他回敬说，他并不以先祖是猴子为耻，相反，他羞于和一个用天赋掩盖真相的人为伍。[4] 房间里挤满了800多名听众，现场一片哗然。一个女人晕倒了，因“贝格尔号”而出名的菲茨罗伊舰长（现在站在传统主义者一边）举起一本硕大的《圣经》，郑重其事地恳求听众要相信上帝，而不要相信人。据报道，他还补充说，他很后悔把达尔文带上船，使其有机会写出《物种起源》这本如此大逆不道的书。

一如往常，达尔文本人依然远离现场。他的五脏六腑又开始折腾起他来，但是他收到了他那几位“火枪手”传来的消息，他们都参加了辩论。尤其是胡克，他的描述惊心动魄，当时眼见威尔伯福斯的突然发难，以及赫胥黎的回击（不过他担心在大厅后面根本就听不清，而且无论如何，他认为赫胥黎的论点缺少思想

赫胥黎在他的书房里

T. B. 沃格曼于1882年绘。

深度，而这是他自己乐于奉上的），他感到不得不做出回应。大获全胜后的那个晚上，胡克写信给达尔文，把这场辩论描述得就像一场拳击赛：“我第一拳就呼呼生风地打中了他，且只用了他那张丑嘴里吐出的 10 个字。然后，我又多说了一些来表明两点：其一，他根本不可能读过你的书；其二，他对自然科学的基本原理全然无知。”[5] 毫不奇怪，威尔伯福斯在受到如此打击后便彻底垮掉了。

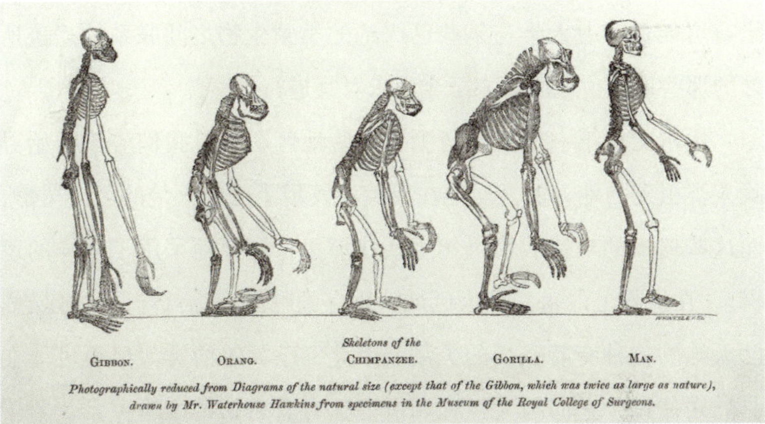

赫胥黎所著《人类在自然界中的位置》的卷首插图，该书出版于 1863 年
韦尔科姆收藏馆藏。

《人类的由来》出版

经过最初的争吵，终于尘埃落定。十年之后，这场讨论早已偃旗息鼓，达尔文觉得现在是时候公开发声了。所以在 1871 年，他出版了《人类的由来》。在这本书中，他公开扩展了物竞天择式进

化的适用范围，将人种也纳入其中。是的，人类是猿的后裔，他说，并列出了支持这一说法的所有证据。从类人猿没有尾巴，到头骨的结构，再到毛发生长的细节，这些都是两者相同的解剖学特征。此外，还有行为证据。然而，有一样东西是缺失的，即没有任何过渡性形式的化石遗迹可以说明人类是如何从灵长类祖先进化而来的。达尔文从未试图掩盖这一事实，他承认，这令人遗憾，但“化石遗迹的发现是一个极其缓慢和碰运气的过程。我们也不应忘记，最有可能保存着人类与某些已灭绝的类猿生物之间联系的遗迹所处的那些地区，地质学家至今尚未对其进行探索”。[6]

达尔文是第一个正确猜测“哪些地区”正是我们应该开始寻找人类祖先的地方的人。他在南美洲发现了已经灭绝的巨型树懒，而这些树懒的现代后裔仍然生活在那里，所以他采用了同样的逻辑。“在世界上的每一个大区域，现存的哺乳动物都与同一区域内已灭绝的物种有着密切的关系。因此，已灭绝的类人猿很可能在非洲居住过，它们与大猩猩和黑猩猩有着密切的亲缘关系。鉴于这两个物种现在是人类最亲密的盟友，我们的早期祖先更有可能生活在非洲大陆，而不是其他地方。”[7]

然而，达尔文的建议并没有引起重视。直到20世纪中叶，传统观点还认为人类祖先的踪迹可能会在亚洲被找到，既然如此，那为什么要去非洲寻找呢？到目前为止，唯一被确认的原始人类化石来自欧洲和亚洲，所以继续在那里寻找似乎是合乎逻辑的。的确，1856年，一些奇大且重的头骨在德国的尼安德谷被发现了，但是一开始这些化石的重要性被忽视了。直到后来，人们才意识到，这些遗骸代表的是一个被称为“尼安德特人”的已灭绝的人种。

1891 年，荷兰医生尤金·杜布瓦在爪哇发掘了一个头盖骨和一根股骨，它们都属于一个新的人种。然而，直到人们在其他地方也有了类似的发现，尤其是 20 世纪 30 年代在中国的发现，这个新人种才有了一个拉丁文学名：Homo erectus（直立人），意指其直立行走的步态。

如今，有充分的文献证明，达尔文的假设是正确的：人类的摇篮确实是在非洲，所有的原始人种都是从那里出现并迁徙到全世界的。这一学说的确立，在很大程度上要归功于肯尼亚籍英国人路易斯·利基一家及他们在东非的工作，而这一切工作都是由古人类学家利基和他的妻子玛丽在 20 世纪 30 年代开始的。

非洲的第一块原始人类化石

在利基夫妇尚未开始在非洲的探险之前，人们其实已经在那里发现了一个令人非常振奋的原始人类头骨。多亏同事罗伯特·伯恩斯·扬教授的努力，这枚头骨才到了约翰内斯堡的年轻人类学家雷蒙德·达特手中。1924 年，地质学家伯恩斯·扬参观南非汤恩（Taung）的一个石灰岩采石场时，注意到采石场经理的桌子上放着一枚头骨，它当时被用作镇纸。他之前曾答应达特会留意一些有趣的标本，所以他把这枚头骨和两箱来自同一地点的其他化石一同打包，寄给了在约翰内斯堡的达特。达特当时正要出发去参加一场婚礼，给别人做伴郎，但他实在是抑制不住自己的好奇心，就立刻打开了刚刚被卸在他家车道上的两个箱子。

“我刚一打开盖子，一股兴奋之情瞬间袭遍全身。在那一堆石头的最上面，无疑是一个颅骨内腔或者说头盖骨内侧的铸型。就算这仅仅是某一种类人猿的大脑化石，那都称得上是一个伟大的发现，因为这样的事情以前还从未被报道过。可我看了一眼就明白，我手里拿的绝不是一个普通的类人猿大脑。在这块石灰固结的砂团中是一颗大脑的复制品，它的体积是狒狒大脑的三倍，比任何成年黑猩猩的大脑都要大得多。”达特立刻意识到自己手里拿着极其珍贵的东西。“我站在树荫下，贪婪地捧着这颗大脑，就像一个吝啬鬼紧紧抱着他的金子似的，我思绪万千。我敢肯定，这是人类学历史上前所未有的最重要发现之一。我想起了达尔文被许多人所不齿的关于人类早期祖先可能生活在非洲的理论。难道我就是促成找到他那‘缺失的链环’的人吗？”[8] 达特的思绪被新郎打断了，新郎告诉达特，带他们去教堂的车子正在路上。不过，当然，达特事后又急冲回来，更仔细地观察起这块大脑化石。

化石有一部分被嵌在石灰岩里，所以达特必须用妻子的编织针把它小心翼翼地挑出来，为此他把编织针磨成了锋利的尖头。当干完这件慢工出细活的事儿，并完成了他的分析之后，他在《自然》杂志上发表了他的发现。尽管这头骨下的大脑体积明显小于现代人，但相比于类人猿的头骨，它与现代人的头骨有着更多的共同特征。这似乎是个儿童的头骨，臼齿即将露头，故达特断定头骨的主人是一个 6 岁左右的孩子。他将这一新物种命名为“非洲南方古猿”，意思是来自非洲南部的猿类，尽管这个物种通常被称为“汤恩幼儿”（Taung child）。达特预测，在非洲南部将会有更多的化石被发现，这将有助于阐明人类的进化问题。[9]

然而，达特这一轰动一时的发现并没有得到他所期望的赞誉。达特要成功看来是没指望了，而且在那个时候，最有可能发现原始人类化石的地方是远东。其他大多数人类学家都认为，“汤恩幼儿”头骨是猿、狒狒或大猩猩的化石。受挫之后，达特准备带着这枚头骨化石去出席英国的一个科学大会。谁知祸不单行，在赴会场的途中，达特的妻子竟然把头骨连盒子一起落在了伦敦的一

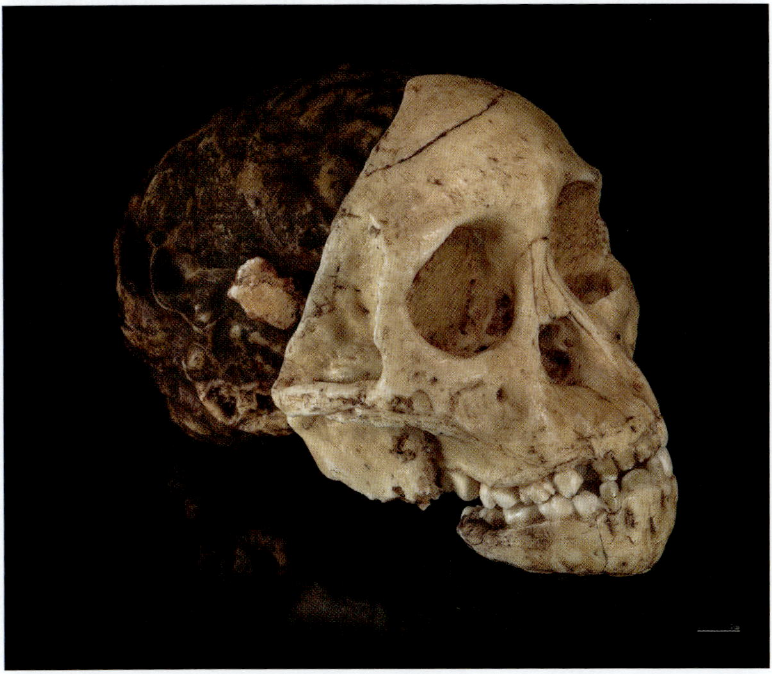

雷蒙德·达特于1924年发现的“汤恩幼儿”的头盖骨

辆出租车的后座上。司机后来发现了这个盒子，他完全惊呆了，于是就把它交到了警察局，不过最后头骨又被安全地送回达特手里。然而，在之后的20年里，他的发现继续被主流科学界忽视。

利基一家在非洲

与此同时，一位英国古生物学的元老级人物开始了在非洲的工作。路易斯·利基在肯尼亚长大，在英国读书，然后带着妻子玛丽回到了他深爱的祖国。从20世纪30年代起，他和玛丽就致力于在肯尼亚和坦桑尼亚寻找属于人类祖先的化石和石器工具。他们最终找到了，但那绝非一蹴而就，他们也不是一直都在找，而是间隔了很长一段时间，这期间经历了太多的艰苦工作和失望。事实上，考虑到他们坚持了那么多年却一无所获，而他们竟然还在寻找，这不得不让人惊叹。然而，1948年，在维多利亚湖岸边，这对夫妇发现了一个近乎完整的早期类人猿头骨，他们鉴定它为“非洲原康修尔猿”。该头骨显示出一些类似人类的特征，例如它没有像大猩猩那样突出的眉骨。但其他要素，如牙齿，则更像猿，而业已被发现的样本也表明，原康修尔猿并非直立行走于地面，而是生活在树上。

利基和玛丽都发现了大量的骨头化石。不过，他们通常只挖到一颗牙齿或一小块颌骨碎片。如果你和我们大多数人一样，分不清猪和鹿的下颌之间的区别，那你可能会想，就通过这么小的一枚遗骸，究竟是如何推断出结果的呢？然而，如果你明白要寻找的是什么，猿和人的骨头其实并不难区分。例如，人类的下颌骨是抛物线状的，而黑猩猩和大猩猩的下颌骨更窄，更像矩形，两侧几乎平行。在牙齿方面，与猿类相比，人类的犬齿又小又圆。此外，人类的犬齿在颌骨内侧是垂直的，而不像猿的犬齿那样向外倾斜。甚至牙釉质也不一样，猿类的牙釉质相对较薄，而人类的牙釉质非常厚。

最终，利基夫妇确实获得了除碎片之外的更多发现。重大突破发生在 1959 年，当时，他们在坦桑尼亚的奥杜瓦伊峡谷完成了 24 期的实地考察，玛丽·利基此时发现了一个很好的头骨，显而易见，它属于原始人类。[10] 这当然还不是人的颅骨，而是来自我们演化世系中的另一个物种，开始于由猿类分离进化之后。玛丽·利基发现的这块化石后来多次被重新分类，现在被称为“南方古猿鲍氏种”，从名字即可看出它与来自南非的同为南方古猿的“汤恩幼儿”的关系。这一发现使世界上更广泛地区的人们相信，东非确实是寻找早期人类化石的地方。因此，从那时起，来自世界各地的古生物学家就一直或多或少地留驻在该地区。

露西与图迈

另一项重大发现发生在 1974 年，当时，美国人类学家唐纳德·约翰森在埃塞俄比亚发现了迄今为止最完整的早期人类骨架。令人惊讶的是，这不仅仅是一块头骨或股骨的碎片，而是几百块碎片，包括盆骨、胸腔、脊柱及手臂和腿骨的大部分。事实上，这具骨架的多达 40% 的骨骼化石已经被发掘，这使得对它的第一次完整的复原重建成为可能。在描述这一发现时，约翰森将其标记为 A. L. 288-1，并将其命名为“阿法南方古猿”[11]。然而，私下里，他使用了一个后来在全世界通用的名字：露西（Lucy）。在这一发现发生的当晚，考古队营地里一直不断地播放着甲壳虫乐队的歌曲《露西在缀满钻石的天空》（*Lucy in the Sky with Diamonds*），有位队员听后就想到了这个名字。

露西在很多方面都是一个令人兴奋和重要的发现，但也许最重要的一点就是“她”是用两条腿直立行走的，这也是约翰森和他的同事们能够立即予以确定的事实。他们可以从其骨盆和股骨

1978 年，玛丽·利基在坦桑尼亚的莱托利发现了一系列脚印。这些脚印有 360 万年的历史，来自一个两足行走原始人类

的定向辨别出来，这与用四肢行走的动物非常不同。露西的直立身高只有 105 厘米左右，她的大脑体积也没有那么大，仅为 400 立方厘米左右，这与今天成年人的平均大脑容量 1 400 立方厘米相差甚远。由此，我们可以推断，直立行走先于大脑足量发育。

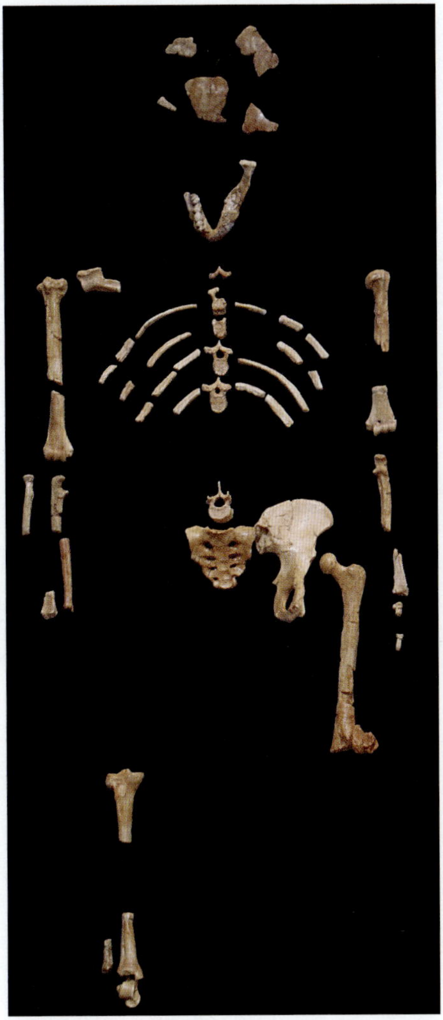

露西的骨架，发现于 1974 年

至发现时为止，露西不仅是最完整的原始人类骨骼，也是最古老的。这些骨头的年代可以追溯到 320 万年前，这一记录在之后的 20 年里一直未被打破。但我们现在已经有了几处更古老的发现，包括萨赫勒地区的那个显著例子，它是目前的纪录保持者，是2002年由米歇尔·布鲁内特及其团队发现的。萨赫勒人（Sahelanthropus tchadensis，拉丁语名）不只是比露西更早一点儿而已，而是比她还要古老两倍，大约有 700 万年的历史。和露西一样，这块化石也被取了个昵称，叫作“图迈”（Toumaï），这个名字比其拉丁学名更容易发音。图迈不仅有非常原始的特性，也有更加高级的特性。尤其是，这块化石没有黑猩猩的突出犬齿，而其枕骨大孔（即颅骨底部脊髓由此通过的一个洞）偏向前移，就像我们在南方古猿、猿人等两足人科动物身上看到的那样。然而，它的脑壳非常小。把所有这些点放在一起，布鲁内特得出结论：图迈属于原始人类谱系，但非常接近于从黑猩猩谱系中分离出来的那个点。[12]

走出非洲

迄今为止，有 1 000 多块史前人类、猿和原始人的化石在非洲被发现，没有人怀疑人类就是在这里出现的。早期人类由其他类人猿分离进化而来，而这个分离的时间点被认为距今 700 万年或 800 万年。尽管人类与黑猩猩有许多共同的特征，而且两者的 DNA 在很大程度上完全相同，但这并不意味着我们是它们的后代。我们今天所知道的黑猩猩在 700 万到 800 万年前并不存在。可惜的是，没有任何化石能告诉我们任何关于黑猩猩进化的事情，原因很简单，黑猩猩是（而且一直是）雨林中的动物，在那里，一个死去的动物最终变成化石的可能性几乎没有。

我们还知道，有几种原始人同时比邻生活在非洲大陆上。数百万年来，原始人只生活在非洲，但化石残骸显示，至少有一个人种——直立人——的成员从非洲迁徙到了欧亚大陆定居，这些遗骸曾在爪哇岛、北京和几个欧洲地区被发现。然而，只有直立人的一个分支走了这条路。来自非洲各地的其他化石显示，同一人种在同时期仍然生活在它们的故乡这片大陆上。

然而，随着时间的推移，适逢该人种从亚洲和非洲消失的同时，另一个早期人种在大约 40 万年前从非洲出现，并在欧洲和亚洲站稳了脚跟。这次所说的就是正在崛起的“海德堡人”，他们是一种体格健壮的人种，以数量多且主要来自欧洲的化石而闻名。第一块海德堡人化石被发现于德国海德堡附近，然而，该人种也来自非洲。据信，和其他所有人种一样，他们的发源地也在非洲。海德堡人也许是尼安德特人的祖先。若果真如此，那就可以解释为什么尼安德特人的化石只在欧洲被发现了。

最早的人类头骨化石实际上是在达尔文在世时被发现的，一次是 1829 年在比利时的一个洞穴里被发现的，另一次是 1848 年在直布罗陀的一个采石场里被发现的。较早那一次的发现被确定为人类，而且年代非常久远，但没有人能够想象到底有多久远，而且当时还没有测定化石年代的好方法。在一段时间里，直布罗陀的那枚头骨也无法被准确标注。但是，1856 年，人们在德国南部的尼安德谷发现了与之相配的骨骼，约翰·富尔罗特认出它们属于一个新人种。“尼安德特人”这个名字于 1864 年被首创之后，所有的骨骼化石都被归为这一个人种。

如果我们把尼安德特人的化石与非洲的许多原始人类化石进行比较，就会发现两个重要的点。首先，尼安德特人不仅仅是原始人类，他和我们属于同一属：人属。换句话说，尼安德特人是人，不是猿。其次，与我们在非洲的远祖相比，尼安德特人相当于前天才来到这里。最后一批尼安德特人仅在4万年前才灭绝，这与我们描述非洲原始人所使用的时间尺度相比，简直就是近期。毫无疑问，尼安德特人与现代智人在欧洲共存了数千年，但他们之间相处得如何，却是我们目前无法回答的问题。相关的各种假说层出不穷，有的说尼安德特人是被智人主动消灭的，也有的主张在逐渐的统治过程中，这两个人种有可能存在异种交配的情况。尼安德特人所遇到的智人部落（今天所有现存的人类都是智人的后代），代表了一系列走出非洲大迁徙中的最后一次。据信，这种迁徙发生在不到10万年前，那时智人已经在非洲生活了数百万年。人类最后一次大规模迁徙并由此走向全球的时间，不是通过化石证据，而是通过比较世界各地不同种族的DNA来确定的。

皮尔当人

史上最臭名昭著的化石事件或许就是那块所谓的“皮尔当人”头盖骨，这一事件不仅在整体上损害了科学的可信度，更损害了进化论的可信度。这块头盖骨以其在1912年的发现地——塞克斯郡的一个砾石坑命名。它一经发现便立即引起了轰动，头骨很快被伦敦著名的自然历史博物馆收藏，并作为无价的文物被珍藏了 40 多年。当时，除了尼安德特人，人们在欧洲大陆上尚未发现其他早期人类化石，所以皮尔当人便具有了巨大的科学价值。这块头骨非常像人类，与现代智人的比例相同，而看起来很原始的下颌骨和牙齿，却显示出这个史前个体具有许多类似猿的特征。这其实很好解释，因为正如 1953 年全世界都了解到的，“皮尔当人”被证明完全是伪造的。该头骨看起来像“现代

达尔文在 19 世纪 50 年代中期的一张照片

人”，因为它确实就是现代人的，而类似猿的下颌骨则来自一只猩猩！

对于英国自然历史博物馆来说，承认其专家被骗是极其尴尬的一件事，这同时意味着许多其他有价值的考古发现的真实性也会受到质疑。即使在今天，一些网站仍然试图说服他们的读者，来自德国的始祖鸟只不过是进化论的支持者们为了证明其观点而搞出来的一个做工精致的赝品。

雷蒙德·达特发现很难让人对他那个来自南非的“汤恩幼儿”感兴趣，“皮尔当人”或许也是原因之一。英国古生物学家既然已经有了自己的头骨化石，他们中的许多人无疑更愿相信他们的祖先曾生活在萨塞克斯郡的乡村，而不是黑人所在的非洲！

关于人类的首要问题

当涉及人类祖先时，化石记录已经不再是空白。相反，在过去50年里，人们在非洲发现了大量的骸骨，包括早期人类及我们进化系中更为古老的原始人。其中有些仅靠单一发现就出名了，而其他那些则是通过多项发现而为世人所知的。在达尔文的时代，关于如何解释这些发现有很多分歧（但幸运的是，还没有那么多敌意）。例如，我们所拥有的化石所代表的人种数量，依然还是一个存在争议的问题，即是否真的有那么多不同的原始人类，或者他们仅仅是同一人种内部的多种变体？有时，当有人确定某个发现属于业已被描述的人种时，他会将之重新分类到另一个名称之下。关于哪些物种接近我们人类进化的主线，哪些物种又是旁门支系，也有很多争论。

换言之，若有人想要找到一个在未来数年内仍有许多问题有待解答的研究领域，那他就会发现，人类进化这个领域依然是一个令人兴奋的选择，至少它与 130 年前的样子没什么两样。赫胥黎在其关于人类与低等动物之间关系的那篇论文的引言中写道："关于人类的首要问题，即所有问题背后的问题，以及所有问题中最引人入胜的问题，就是应如何确定人在自然界中的位置，以及人与宇宙万物的关系。"[13]

“贝格尔号”停靠在智利萨米恩托港附近的一个海湾

康拉德·马滕斯所绘水彩画，剑桥大学图书馆藏。

第11章

最后一块拼图

“但当一个人身边有儿女绕膝时，相比当下，未来可就重要得多啦。我最怕的就是体弱多病会遗传。要是那样，对他们来说，还不如死了好。”摘自达尔文于1852年致表兄威廉·福克斯的一封信。

图片见《“贝格尔号”航行之动物学》。

当达尔文即将完成物种起源这幅拼图时，他意识到自己还缺了一块。整个拼图架构都仰赖于一代接续一代的特征遗传，但他却没能很好地解释遗传到底是怎样发生的。多年来，他一直在试验植物杂交和培育鸽子，终其一生都在与世界各地的专家和实验人员通信，但这一切都没能使他离那个最终答案更近一些。

某些特性是遗传得到的，这毋庸置疑，植物和动物的繁衍难道还能基于什么别的原则吗？抑或正如达尔文所问："有什么能比这个确定无疑的事实更奇妙的呢？一头健康的产奶母牛的微小卵子可以产出一头公牛，而此公牛的一个细胞，在与卵子结合之后，又能产出一头母牛，而这头母牛成年后将会有发达的乳腺，可以产出大量可持续供应的牛奶，甚至是某种特定质量的牛奶，难道不是吗？"[1] 育种者一般都愿意为种畜支付高价，这也证明了一个普遍的共识，即特性的确是遗传的。

在个人生活中，达尔文也认为他观察到了遗传的作用。"我的大儿子热衷于收集鳞翅目（蝴蝶），这就是遗传规律在他身上的体现。"他自豪地写信给他的表兄威廉·福克斯。[2] 但除此之外，他更关心的是遗传对孩子的负面影响。在给福克斯的另一封信中，他回忆起他们一同在剑桥求学的美好时光："那时候多开心啊，我们在基督学院你的宿舍里喝着咖啡……是啊，在那些日子里我可不会为儿子们的职业操心，也不担心身体不好会影响到他们，更不会理会加州的淘金热或者法国的入侵什么的。但当一个人身边有儿女绕膝时，相比当下，未来可就重要得多啦。我最怕的就是体弱多病会遗传。要是那样，对他们来说，还不如死了好。”[3]他在一封原本应该轻松愉快的信中忧郁地写道。

对遗传观念的批判

爱丁堡大学工程学教授弗莱明·詹金是一位达尔文理论的批评者，他尤其会针对遗传问题展开批评。《物种起源》出版近十年后，他写了一篇书评，对这本书和以达尔文为代表的学说进行了评论和批评。詹金略带幽默、不动声色地评论说：“这一理论建立在这样一个假设之上，即物竞天择可以缓慢地做到那些通过人为选择可快速完成的事情，而通过展示人到底能做多少事，达尔文希望证明有多少事在无人介入的情况下也能达成。”[4]詹金质疑只要有足够的时间新物种就能出现的结论，并指出其依据仅仅是（按达尔文的说法）某位约翰·西布赖特爵士花了6年时间培育出的一种特殊品种的鸽子。“就因为我们观察到炮弹在一分钟内飞过一英里，所以一小时内它就会飞到60英里以外，而经过千千万万年，它就能飞到那些恒星上去。前面所述结论看上去也没有比这个结论精确到哪儿去。”他冷冷地说。

詹金特别反对这一点，即整个进化论所依据的基础就是物种内部自发产生的变异遗传。他认为另一点也有问题，即遗传性状往往没有以其“纯粹的”形式保存下来。“假设一个白人因海难流落到一个黑人居住的岛上……”他写道，“……不能就此得出结论说，经过很多代或无数代人之后，岛上的居民就都变成了白人。”[5]

在大英帝国鼎盛时期，詹金毫不费劲就能想象到，一个白人单枪匹马就可以征服岛上所有的黑人居民，先杀掉一部分，再娶上一群妻妾，然后给一大群孩子当爹。然而，即便有白种人那种明显的“优越性”，他也无法想象这就能将岛上后来的居民都变成白人。达尔文意识到，詹金的观点有一定的道理。事实上，如果说遗传的作用就好像把牛奶倒进咖啡里，两组性状通过遗传混合在一起，但也只会导致两者的稀释，那么这就很难符合物竞天择的概念。

泛生论

对达尔文来说，詹金的论点是一根难啃的骨头，他从来没能解决它。他对遗传理论最好的解释是他所谓的“泛生论”。根据这一理论，人体的每个细胞都含有携带遗传物质的微小颗粒，或称“胚芽”。胚芽会从父母身上转移到后代身上，在体内游荡，直到它们找到属于自己的地方。在那里，它们会发育成与其原生细胞相似的细胞，具有相应的特征。胚芽也可以进入一种潜伏状态，遗传性状就会因此在生命的后来阶段出现，就像某些遗传疾病那样，甚至在好几代人之后才发作。

由于泛生论，达尔文越来越接近拉马克主义，但这正是他一直试图避免的。该理论的一个引申义存在问题，即如果你斩断一只老鼠的尾巴，就不会有尾巴胚芽转移到新的个体上，因此后代也不会长尾巴。当然，如果你不反对剪掉老鼠的尾巴的话，那很容易就能证明遗传可并不是这么回事儿。德国生物学家奥古斯特·魏斯曼对此毫不怀疑，在 1888 年的一次实验中，他切除了 1 500 只老鼠的尾巴，这一实验完全成功地推翻了达尔文的猜想。

达尔文的泛生理论也无法解释为什么繁殖有时会导致多种性状的混合，比如詹金的例子，但有时又会以纯粹的形式遗传重要的特征。所有这些，甚至更多的现象，都将由一位与达尔文同时代的人来解释，但直到达尔文去世，他也从未听说此人或者其所做的观察和结论。

沉默的教士

作为无名之辈，格雷戈尔·孟德尔曾在布尔诺的一个修道院过着奥古斯丁修士式的平静生活，该地原属奥地利，现在捷克共和国境内。孟德尔在维也纳大学学习哲学和物理学，并接受教师培训，但他后来却把自己奉献给了由他负责的修道院的实验花园。他对植物杂交特别感兴趣，为的就是要培育出具有所需特性的品种。他的专长是培育普通豌豆。他实验成功的一个秘诀就是，从一开始他就采用经过精心挑选的纯种品种，他知道这样的品种繁衍出来的后代不会走样，也就是说，开红花的豌豆生出的种子长成豌豆后也会开红花，皱粒种子绝不会长出圆粒的豌豆。孟德尔总共选择了 7 种不同特性的豌豆，首先将它们相互交叉排列，即一株开红花的与一株开白花的、一株高茎的与一株矮茎的、一株皱粒种的与一株圆粒种的。他用一支很小的画笔亲手给所有的豌豆花授粉，并在实验期间用小袋子盖住花，以确保蜜蜂和其他昆虫不会破坏他的实验。他非常认真地记录后续每一代豌豆的植株、花和种子的性状。

如果孟德尔只是用这种方法种了数十种豌豆，那他就无法从

布尔诺的修道院。孟德尔在这里用豌豆做了实验

格雷戈尔·孟德尔（第二排右起第二人）与其他修道士在布尔诺的修道院

结果中看出任何规律。但他是一个做事有始有终且极富耐心的人。他年复一年地培育出数百个豌豆品种，用于实验的植株多达 18 000 多种。结果，他发现了特征代代相传的清晰模式。亲爱的读者，如果你早已忘记在学校生物课上学到的孟德尔的遗传定律，那么，我现在就帮你回想起来。这位勤奋的教士发现，对于不同的特征，其遗传的程度也不同，他所说的“显性”特征在第二代出现的可能性是“隐性”特征的三倍。此外，他还确定，后代的每一种特征，会从父母双方各遗传一半。我们今天知道，这一点对所有的生物体都适用。就我们所拥有的每一种可遗传的特征或特性而言，都是一半继承自父亲，一半继承自母亲。虽然在当时“基因”这个词还没有被造出来，但我们说的就是这回事儿。

法国著名植物插画家皮埃尔·约瑟夫·雷杜德绘制的豌豆植株

孟德尔与达尔文

孟德尔可能读过达尔文的著作，或者至少熟悉他的观点和结论。《物种起源》德文版于1860年出版——仅在英国版出版一年后。尽管如此，孟德尔在他的论文中评论说，经常有人声称栽培物种所表现的稳定性不如野生物种。换句话说，达尔文（或其他人）

很可能已经证明，通过人工选择，栽培物种也可以发生非常迅速的变化，但野生物种则更加稳定。然而，孟德尔不明白，为什么把一棵野生植物移入花园后，它就会突然开始以一种完全不同的方式生长。他在书中写道："没有人会认真地坚持认为，在空旷开放的乡野里，植物生长所遵循的是不同于在花园苗圃里的法则。"[6]

遗憾的是，缺少一种机制的达尔文理论和孟德尔对这种遗传机制的解释，就像黑夜里的两条船一样，注定会擦肩而过。孟德尔确实在 1865 年公开了他的发现，但那也只是在布尔诺当地的自然历史学会公开的，而不是在英国科学促进会公开的。他进行了两场演讲（他有很多话要说），但几乎没有人回应他。第二年，这次演讲所依据的完整手稿出版了，孟德尔把手稿寄给了他所认识的各类植物学家。但这些读者中却似乎没有一个人能看出孟德尔实验中存在如此颠覆性的发现，或许是因为他们被淹没在了孟德尔在手稿中所提供的大量细节中。1884 年孟德尔去世之后，其划时代的发现被人们悄然遗忘了。

直到 1900 年，孟德尔的手稿才被"重新发现"并被翻译成英文。然而，即便在那时，也并非如人们所预期的那样——孟德尔发现了遗传法则，就意味着达尔文的理论最终也会被接受。自《物种起源》一书问世以来，人们对于进化论的接受程度确确实实在不断提高,但对其物竞天择机制的接受则不然。在很长一段时间里，孟德尔遗传定律被解读为一种"非此即彼"的规则（花色要么红要么白，豌豆要么圆要么皱），几乎没有什么余地来解释达尔文所描述的在物竞天择运作基础上的微小而渐进的变种。

查尔斯·达尔文肖像

约翰·科里尔绘。

现代进化综合论

尽管在 19 世纪末 20 世纪初，人们逐渐接受了进化论，但作为进化过程的驱动机制的一种解释，物竞天择机制却逐渐消失了。随着被称为“新综合”或“现代综合”理论的出现，它又一次复活了。达尔文和孟德尔之间的这种联系，成功地解释了一些他俩都无法独力解释的事情，即詹金的例子中所提到的搁浅船员及其混血后代的混合特征。这种解释就是，某些因素（例如，那些决定眼睛颜色或耳垂形状的因素）是由单一基因传递的，因此遵循的是孟德尔定律。我们的其他特征，比如肤色，却是由数个不同的基因决定的，其中的每一种都单独地遵循孟德尔的遗传规律，但是相互结合之后的效果则是一种混合物，故而不再遵循孟德尔定律。

英国人罗纳德 · 费希尔是现代进化综合理论的关键贡献者之一，他不仅是生物学家和遗传学家，而且是一流的统计学家。他的许多见解都非常重要，但其最主要的成功，就是用数学证明了物竞天择机制可在现实的时间尺度上以微小的变化运作。他甚至指出，较小的变异实际上最适合物竞天择机制，因为它们比较大的变异更有可能存续几代。其他科学家也被吸引到这个领域来，在 20 年的时间里，对遗传学和遗传现象的新理解被添加到达尔文的理论中，从而创造出后来被称为“新达尔文主义”的学说。在这一多姿多彩的领域中，领军人物包括 J. B. S. 霍尔丹、休厄尔 · 赖特、恩斯特 · 迈尔和西奥 · 多布赞斯基。

尤其是霍尔丹，他的一生完全符合科学天才大都有些癫狂的经典形象。作为一个非宗教信徒和马克思主义者（后来成为共产主义者），曾经有人问他，作为一名科学家，通过研究上帝造物，他能推断出上帝的本质是什么吗？据说，霍尔丹（他明白地球上的物种大约有一半都是甲虫）简洁地回答说，他唯一能推断的就是上帝一定对甲虫过度偏爱。

在 1963 年发表的一篇书评中，霍尔丹写道，从理论上来说，克隆人类细胞是有可能的，他认为这是一个了不起的想法，因为在同卵双胞胎身上进行实验是不切实际的。[7]在同年发表的另一篇书评中，他推测了人们将如何接受该书的结论，并设想这一接受过程将遵循“四个常见的阶段：（1）这是毫无价值的一派胡言；（2）这是一种有趣但却反常的观点；（3）这是事实，但并不重要；（4）我总是这么说来着”。[8]

人们接受达尔文进化论的过程也大抵如此。

DNA 结构的发现

遗传学研究的又一次突破出现在 20 世纪 50 年代，当时，詹姆斯·沃森和弗朗西斯·克里克解读出了 DNA 的结构。一段时期以来，人们都知道 DNA 是负责遗传特征传播的物质，但对于其工作原理或结构却没有真正的了解。人们无法理解，一个仅由糖、磷酸盐和四种不同的含氮碱基组成的已知分子，竟然可以负责传播地球上现存生物的所有遗传变异。

沃森和克里克假设，DNA 虽然是一个大分子，但其结构非常简单：类似于一个螺旋形的旋转楼梯，其中“扶手”由糖分子组成，而“台阶踏步”则由含氮碱基组成。X 射线晶体学技术对揭示这种模式提供了很大的帮助。X 射线具有比普通光线更短的波长，它能在分子水平上解析普通光线无法感知的结构。这些 X 射线照片是由罗莎琳德·富兰克林拍摄的，她在伦敦国王学院的一个与沃森和克里克同为竞争对手的实验室工作，而这些照片是在她不知情的情况下被泄露给了沃森和克里克。沃森和克里克正是在见到富兰克林所拍摄的一张照片时，才立刻意识到他们看到的是一个双螺旋结构（这在二维空间中以 X 形模式出现）。沃森和克里克立即开始建立一个类似麦卡诺拼搭玩具的模型，以研究 DNA 中已知的化学成分是如何适应螺旋结构的，这就是著名的双螺旋结构。

1953 年，他们在著名的《自然》杂志上发表了他们提出的 DNA 结构。这是科学史上最短的论文之一，它只有一页纸。然而，这一发现足以为他俩赢得 1962 年的诺贝尔奖。

由于沃森和克里克的发现，许多与遗传相关的问题变得更加清晰。我们的基因负责产生各种可能的蛋白质，这些蛋白质在人体细胞内具有无数的功能。DNA 由一条非常长的碱基对构成，这些碱基对连接在将它们全部串起的糖 – 磷酸盐的主链上。基因是这条链的一个特定部分，包含数千甚至数百万个碱基对，代表着实际的遗传单位。这些碱基对有四种类型，通常用来组成编码序列，而编码序列又精确地决定了哪些氨基酸在蛋白质合成中结合在一起。正是 DNA 链上可能的片段长度和碱基对组合这两者的绝对数，使得构建所有类型的蛋白质成为可能，并进而产生我们所看到的可遗传变异，即使代码仅由四个单元组成。

无论我们称为基因的 DNA 片段是短还是长，碱基对序列总是特定蛋白质的合成编码，这是个简单的序列，比复杂序列所需的编码单位要少得多。如果基因缺失了一部分（或增加或改变了正常序列中的一部分），细胞就会产生不一样的蛋白质。DNA 的这种变化导致了所谓的“突变”。突变可以自发产生，也可以由外部因素引起，比如紫外线照射等。我们所有人的遗传物质都有很多突变，但这并不意味有多大事儿。其实，这正是我们都与众不同的原因之一。然而，有些突变却是非常有害的，可能会带来严重的后果。

生命之树

DNA 的发现不仅彻底改变了我们对于遗传学的理解，也改变了我们对进化发生原理的理解。生物学中一个重要的领域就是为动植物构建树形历史谱系，即分类学家所说的“系统发生”（phylogenies）。当然，早在 DNA 被发现之前，我们就已经有这些东西了。而且，牙齿、颌、骨头等身体特征（抑或植物中的花朵结构）仍然可以用来确定两个物种之间关系的亲疏远近。德国动物学家恩斯特·海克尔是最早提出为地球上所有生命体建立历史谱系的人之一，他对达尔文敬佩有加。他的一些谱系图很像真正

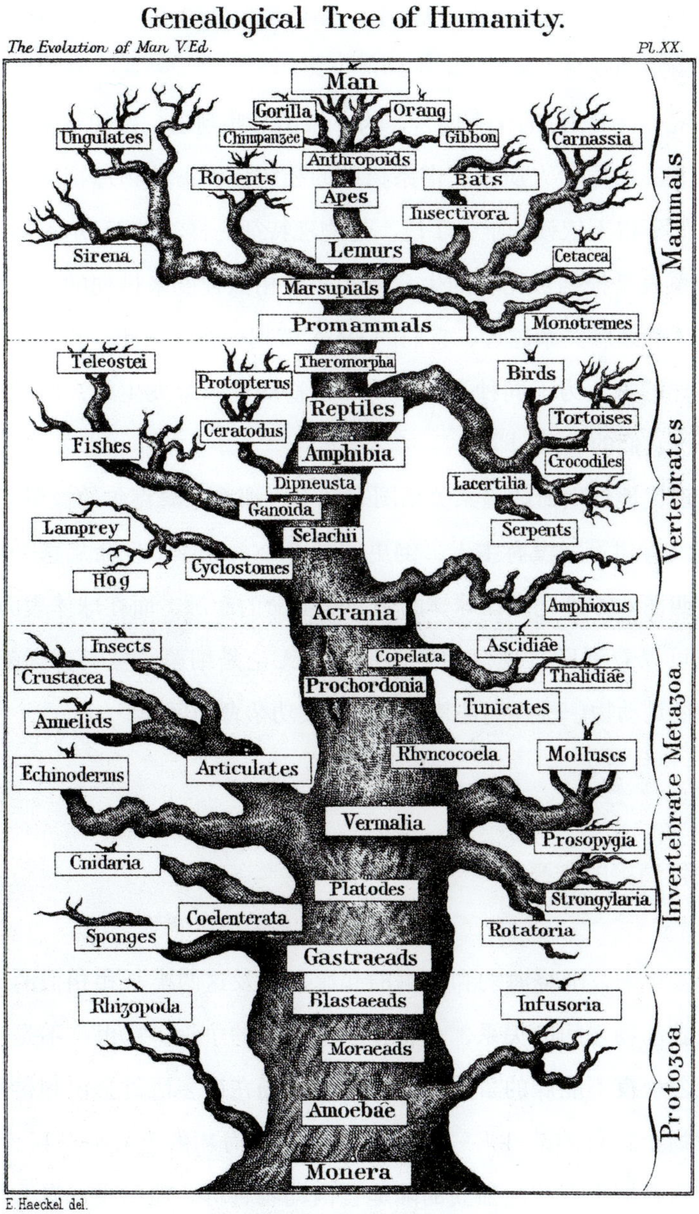

德国生物学家恩斯特·海克尔画的『生命之树』。非常突出的是，他将人类画在树的顶端，比其他动物都要高

的树，树干很粗（其实就是橡树），靠近树根部的是“低等”动物，位于树顶的则是人类。

就不含DNA的化石而言，为了做出某些判定，譬如新发现的来自非洲的原始人遗骸在谱系树中的相应位置，其物理特征仍然是我们不得不依赖的唯一手段。与物理特征一样，基于DNA样本的谱系表是根据被比较的生命体之间的相似程度来排列的。两个生命体的亲缘关系越近，它们的DNA就越一致。因此，我们可以用同样的方法为不同种类的动物和植物构建系统发生树，而且只需分析它们的DNA即可。

现代地球生命的谱系关系图表已不再那么像海克尔的橡树了。它们没有树冠，没有主干，倒更像是一个大球体，生命从这个球体向四面八方进化。在球体的中心是生命的起源，而在球体表面，我们可以看到所有现存的生命形式，无论是细菌、藻类、真菌、植物还是动物。这些都是其原始形态成功孕育的后代。

海豹和海狮的谱系

多年来，围绕海豹和海狮的起源，以及这两类长相相似的海洋哺乳动物之间的关系，一直存在着激烈的争论。这也许不是一场让公众夜不能寐的争论，但仍然是一场在许多研讨会议和科学出版物上进行的战斗。一方认为，海狮与海豹的差异如此巨大，因此两者均来自彼此独立的陆地食肉动物种群。他们说，海狮肯定是熊的后代，因为它们都几乎可以用后肢走路，都有看得见的外耳，都表现出极端的性别二型性（雄性比雌性大得多）。海豹则肯定和貂同属于一个种群。另一方是生物学家和系统学家，他们认为海狮和海豹有非常多的相似之处，所以二者一定有共同的起源，而且这两个物种有可能都和貂有很近的关系。

争论持续了几十年，但似乎终于要结束了。加拿大埃德蒙顿大学的伊莎贝尔·德莱尔和柯蒂斯·斯特罗贝克比较了大量食肉动物的 DNA。他们的研究结果表明，海豹和海狮很可能有共同的起源。[9] 尽管如此，他们并不十分确定其共同祖先是熊还是貂，所以争论也许还并没有结束……

DNA 条形码

DNA 的发现使另一种技术成为可能，那就是 DNA 条形码。从原则上讲，我们仅凭 DNA 就能识别出生命体的种类，而无须见到实际的植物或动物。更重要的是，辨别 DNA 也只需检查一个非常短的代码片段，通常是一个已知物种间变异的已定义区域。这意味着，用双筒望远镜的老派鸟类学家和用网的捕蝶者，现在都面临着来自新型生物学家的竞争，新型生物学家能根据试管中的微观样本确定一个物种。这项技术使确定某个地方存在哪些物种，以及它们是否是未知物种成为可能。一旦相关物种的 DNA 条形码进入数据库，世界各地的科学家就可以根据数据库的数据来甄别他们发现的物种，而不必通过广泛的文献检索或参观博物馆来进行识别。

由于DNA分析技术只需要物种的少量细胞就可以辨认一个物种，因此它也开创了令人兴奋的可能性，即仅仅利用土壤或水的采样，就可以了解在某个具体的地域有哪些动物栖息，而无须任何人去实地观察动物或以任何方式打扰它们。

进化和DNA

DNA的发现和遗传法则的形成，对人们了解进化的实际进程具有极为重大的意义。现在，检验不同的假说变得更加可行，这些假说既涉及所有生物体的共同起源，也涉及物竞天择在自然界中是如何运作的。我们现在明白，在造就新物种的过程中，除了物竞天择，还有其他机制在发挥作用。

正如达尔文会为过去一百年里出土的数百万块化石高兴一样，他也会为这些化石支持了他的进化论而感到欣慰，对于遗传学领域的发展进步更是会乐见其成。

"贝格尔号"在智利蓬塔阿雷纳斯角的探险之旅
康拉德·马滕斯绘，剑桥大学图书馆藏。

第12章

从兰花到虎鲸

“我刚刚收到贝特曼先生送来的满满一箱惊艳的长距彗星兰，其蜜腺竟有一英尺长，天啊，什么样的昆虫能吸到它啊！”达尔文在 1862 年致约瑟夫 · 胡克的一封信中这样写道。

图片见《“贝格尔号”航行之动物学》。

随着达尔文年事渐高，他将精力越来越多地投入植物研究中。在花园的尽头，他按照最新的设计建造了一个小温室，里面有供暖系统和摆放植物的桌子。当然，这些植物都是从胡克那儿弄来的，那时胡克已经当上了英国邱园皇家植物园的园长，该植物园拥有世界上最大的植物收藏量。“这批植物昨晚安全抵达，”达尔文迫不及待地写信致谢，“数量之多让我惊叹！哎呀，我的温室都快装不下啦！我甚至还没有查过它们的名字呢，但我看到了几件我心仪已久但又不愿开口索要的东西。”[1] 在胡克送来的植物中有一组兰花，这是达尔文非常感兴趣的一种植物。

达尔文的兰花

兰花令人兴奋的一个原因，就是它们能适应由昆虫来为之授粉，通常这种方式还非常特殊，即一种兰花完全依赖于某一种特定的昆虫来授粉。与许多花一样，兰花也会产生花蜜。花蜜对花朵来说没有任何意义，它只是一种散发出甜甜气味的含糖液体，能够很好地吸引到昆虫。当昆虫爬上一朵花时，会把花朵上的花粉粘在自己身上，再带到下一朵花上，当花粉接触到第二朵花的

达尔文在唐屋的花园温室中，木版画

达尔文在其寓所唐屋的花园尽头建了一个温室，这间温室直到今天依然存在

柱头时，这朵花就会受精。

达尔文按照自己的习惯向他认识的每一个人打听消息。斯塔福德郡一位富有的园艺师、兰花收藏家詹姆斯·贝特曼很乐意帮忙。“虽然这不可能让你关于物种起源的理论有所改变，但我还是希望这件事能彻底公开……”[2] 他写信给达尔文说道。为了表示友好，他还送给达尔文满满一箱格外漂亮的马达加斯加产的兰花。

这些兰花开出了大朵的鲜亮白花，蜜腺呈极长的管状，实长可达一英尺（约 30 厘米）。达尔文观察到，花蜜只出现在蜜腺底部的两英寸处。这些花看起来是如此奇怪，达尔文及时向胡克反馈道：“我刚刚收到贝特曼先生送来的满满一箱惊艳的长距彗星兰，其蜜腺竟有一英尺长，”他写道，然后又若有所思地补充道，“天啊，什么样的昆虫能吸到它啊！”[3] 达尔文很快就回答了自己的问题。由

PL. 518

长距彗星兰的花距可长达 20 厘米

于长距彗星兰的蜜腺很长，马达加斯加岛上就一定得栖息着一种长着同样长口器的蛾子或蝴蝶，这种蛾子或蝴蝶可以到长距彗星兰蜜腺的底部采蜜。否则，长距彗星兰就不能受粉。

可问题是，人们在马达加斯加还从来没有发现过这样的蛾子。达尔文并不担心，马达加斯加是那么大的一个地方，这种蛾子总归在某处。华莱士也支持他，同样坚信一定存在此种飞蛾。“可以放心大胆地预测，马达加斯加一定有这种飞蛾存在。造访该岛的

1930年，人们在马达加斯加发现了一种飞蛾，其长喙足以给长距彗星兰花授粉。华莱士和达尔文都曾预言过它的存在，因此它被命名为“马岛长喙天蛾”

博物学家应该满怀天文学家探寻海王星一样的信心去寻找它，我斗胆预言，他们同样会成功！”[4]他写道。当然，尽管达尔文没能活着看到它，飞蛾就在那里。1903 年，人们在马达加斯加的森林里发现了这种长有 30 厘米长喙的蛾子，它被命名为“马岛长喙天蛾”（Xanthopan morganii praedicta）[拉丁学名中的“praedicta”（预测）一词意在向华莱士致敬，他在很久以前就预言了此蛾的存在]。

达尔文描述的关于兰花和飞蛾的现象被称为“共同进化”。此术语描述了当不同的生物体因对方的原因而进化时会发生什么——无论是作为竞争者，还是作为合作者，例如花和它们的传粉者。近几十年来，共同进化已成为一个重要的研究领域。

热带地区充满了动植物共同进化的例子。例如，不仅仅是飞蛾和花会一起进化，许多吸食花蜜的蝙蝠也是重要的传粉者。迈阿密大学（位于美国佛罗里达州）的内森·穆克哈拉追随达尔文的脚步，发现了一种也擅长从难以接触到的蜜腺中吸取花蜜的蝙蝠。那种花很长，呈漏斗状，只能由一种蝙蝠授粉，而这种蝙蝠就是只有 6 厘米长，长着管状唇的花蜜蝙蝠——花蜜长舌蝠。就其体形而言，这种小型蝙蝠拥有哺乳动物中最长的舌头，其舌头的长度是其身体长度的一半。不用舌头的时候，花蜜长舌蝠就会把它缩回喉咙里和肋骨之间，它的胸腔专门为此演化而来。[5]

基因漂变

共同进化只是当代进化生物学研究的众多领域之一。从 20 世纪 20 年代开始，达尔文主义的复兴使人们对在实践中证明进化论，并将关于基因作用的新理解应用到动植物种群的研究产生了新的兴趣。这也意味着物竞天择不再被视为影响进化的唯一机制。

大多数进化生物学家都同意物竞天择是新物种进化的一个重要机制。然而，他们也观察到了另一个可能影响进化的、更为随机的过程，即所谓的“基因漂变”。

在一个大的种群中，偶然产生的变异很快就会相互抵消。想象一下，在一个池塘里栖息着一种被假想出来的青蛙，共有两个变种，一种为蓝色斑纹的，一种为绿色斑纹的。如果两个变种之间都不存在任何物竞天择的色彩优势，那么当我们在池塘里取样时，就极有可能找到大致等量的蓝斑蛙和绿斑蛙。年复一年，情况可能会发生变化：在某些年份，更多的蓝斑蛙可能比绿斑蛙更早出现；而在另一些年份，活到成年的蓝斑蛙蝌蚪可能会比绿斑蛙蝌蚪多。但由于池塘很大，有很多青蛙，而且变化很小，最终，青蛙的分布将再次稳定下来。

另外，如果我们想象有一个小得多的池塘，里面只有非常少的青蛙，两种颜色变种各仅有 10 只，那么即使是很小的偶发事件，也可能会影响到绿斑或蓝斑变种的未来总量。如果一只饥饿的苍鹭吃掉了 10 只青蛙，其中碰巧有 7 只为蓝斑蛙（余下的为绿斑蛙），池塘里的种群平衡便被改变到一种程度，即一个变种的数量是另一个的两倍还多。请注意，这完全是偶然发生的。如果蓝斑蛙身上的蓝色斑点让苍鹭更容易在有大量绿色植物的池塘里找到蓝斑蛙，那么苍鹭就会吃掉更多的蓝斑蛙，而不是绿斑蛙。然而，在这个例子中，我们会说这种不平衡的分布是物竞天择的结果。假设现在有一些孩子来为他们的水族馆抓青蛙，碰巧又抓走了两只蓝斑蛙，那能够在未来繁殖的蛙群数量已下降到一只蓝斑蛙和 7 只绿斑蛙。这一比例将严重影响后代的色彩分布。

生物学家称这种机制为“基因漂变”。它与物竞天择的根本区别在于，它完全是由偶然事件造成的。在任何群体中，特别是在一个小群体中，都存在这样的风险，即随机的境况有可能决定哪些个体能够活到能繁衍后代的阶段，而哪些个体能够存活下来同样是偶然的。换句话说，基因漂变可以驱动进化。最初，基因漂变可能会导致某一地区的种群获得与其他地方的种群略有不同的特征或外观，但最终它可能是创造全新物种的一个因素。

种群瓶颈

基因漂变的极端例子，就是动物或植物种群经历生物学家所说的遗传“瓶颈”。人们观察到，在过去的某个时段，某个种群的数量骤降至极低，仅有极少数个体存活下来繁衍后代，并成为后来种群再度扩张的祖先。当遗传变异或多样性远低于人们对相应规模种群的预期时，这样的瓶颈现象在现代种群中也会出现。低水平遗传多样性的出现是因为种群由少数个体进化而来，种群遗传到的基因即为这些个体碰巧携带的基因。当遗传变异或多样性远低于某一人口规模的预期水平时，这种瓶颈在现代人群中便显而易见。多样性低是因为种群仅由少数几个携带后代基因的个体衍生而来。

这种遗传瓶颈现象的推断已经在猎豹身上得到了验证。15 000 年前，猎豹遍布非洲和亚洲大部分地区。如今，猎豹大都仅生活在东非和非洲西南部的部分地区。此外，作为亚种群的伊朗猎豹数量不足 100 只，已属于极度濒危物种。据估计，世界范围内现存的猎豹数量在 7 000 到 10 000 只，它们的基因非常相似，可以相互移植皮肤而没有任何排异风险。[6] 这种紧密的基因相似性表明，

一只猎豹在浓荫里休憩
塞缪尔・斯特拉格供图。

在某一时期，猎豹遇到了种群瓶颈，只有很少的个体存活下来。

猎豹由于濒临灭绝，而且在圈养环境中很难繁殖，科学家们就对它们的基因构成进行了仔细研究，期望能够避免进一步的近亲繁殖。对现今存活的猎豹进行 DNA 分析，能够使我们计算出这种种群瓶颈发生在一万多年前，与影响世界各地大型哺乳动物的其他大灭绝几乎在同一时期。[7]

其他许多动植物也经历过这样的种群瓶颈。对象海豹来说，这个瓶颈发生在 100 年前，当时北象海豹被猎杀到灭绝的边缘。据估计，到 1890 年，北象海豹的数量只剩下不到 100 只。今天，它们已经重新蔓延到北美西海岸。据估计，它们现今的数量超过 10 万只，而且还在继续增长。然而，由于它们都是同一群在 19 世纪的幸存者的后代，它们的遗传多样性非常低，这与某些种类的近亲繁殖家畜没什么不同。

目前，无论是对猎豹还是对象海豹来说，低基因多样性似乎在野外并没有造成任何问题。然而，令人担忧的是，基因多样性低使得这些物种更容易被疾病或环境变化击垮。一旦遭遇流行疾病，多样性水平正常的种群中会有一部分个体不受影响，而其他许多个体则会患病和死亡。（假设未受影响的个体对这种疾病具有基因决定的免疫力。）鉴于猎豹和象海豹种群缺乏遗传多样性，它们可能会受到流行病或环境变化的严重影响。

当种群中的一小部分成为新种群的核心时，就会出现瓶颈效应的特殊情况。植物的种子有可能被冲到一个岛上并开始发芽，或者一群鸟可能会被带偏航向，到一个新的地区建立栖息地。经过漫长的时期，遗传漂变和物竞天择相结合就可能导致一个新物种的形成。

白熊

进化论在很大程度上是一种关于新物种如何形成的理论，但它提供给我们的是一幅全景图，而不是详细具体的机制。即使在今天，我们也还没有完全了解与同域物种形成相关性的所有因素。最为人们所广泛接受的解释是，当一个种群的一部分与该种群的其余部分相隔绝时，一个新物种就形成了，然后，不管出于什么原因，这个新物种都会朝着新的方向发展。

北极熊就是符合这一物种模式的绝佳例子。它是一个相对较新的物种，出现在不到 30 万年之前，远远晚于人类最早的出现时间。北极熊很可能是由一小群灰熊进化而来的。当时这些灰熊在其活动范围的北部边缘，即从西伯利亚到阿拉斯加的冰川一带与自己的种群隔开了。随着时间的推移，这个北方亚种群会演化得完全不同。例如，新生的灰熊幼崽在颜色上表现出自然的变异，从非常浅的棕色一直过渡到几乎全黑。浅色的幼崽可能在雪中生存得更好，能够悄悄靠近猎物而不被轻易发现。白色皮毛最终会赋予熊选择优势，并有助于定义一个新的熊种。

尽管北极熊的外表看起来和棕熊很不一样，但它们基因上的差异并没有那么大，这也就证实了这两个物种是最近才分化开来

棕熊（上）与北极熊（下）

的。除了皮毛的颜色，北极熊与棕熊的不同之处在于前者体形更大，耳朵更小，牙齿更大，以及消化系统更加适合完全以肉类为基础的饮食。DNA 分析显示，这两种熊的亲缘关系很近，一些关于北极熊和棕熊杂交的报道证实了这一点。

北极熊并不是唯一的野生白熊。在加拿大西海岸的荒野中，人们有时还能发现另一种白熊的身影。有趣的是，这其实是黑熊，它与棕色灰熊和白色北极熊是完全不同的物种。这种黑熊广泛分布于加拿大和美国，顾名思义，它的颜色确实是黑的，但并不总是黑色的。在不列颠哥伦比亚省温带雨林地区的一些小岛上，这种熊有时实际上是白色的，所以这令它看起来像一只北极熊。这种黑熊的皮毛变成白色（当地出于生态旅游的原因将之称为“鬼熊”或“白灵熊”）并不是由白化病引起的，而是由一种隐性基因引起的，这种基因在格里贝尔岛和大公主岛上的黑熊种群的 10% 的个体中都有体现。在加拿大大陆和其他岛屿上，这一比例略低。[8]

目前，我们还不清楚这些白毛黑熊是物竞天择的结果，还是基因漂变的结果。如果这种变异的确是通过物竞天择传播的，那么在某个时期，可能曾有一群黑熊被隔绝在一个寒冷的地区，在那里，毛色最浅的熊生存得最好（就像北极熊一样）。后来，迁徙障碍的消除可能导致这两个种群的重新混合。但也有可能，白色化只是一种偶然的变异，这种变异之所以能够“延续”下来，是因为“鬼熊”在森林里生活得和它们黑毛的近亲一样好。

虎鲸

就在离“鬼熊”岛不远的地方，一种有趣的物种进步正在发生，这也许代表着迈向新物种进化的第一步。温哥华岛附近海域的虎鲸，或称“逆戟鲸”，实际上是不列颠哥伦比亚省的象征，每年夏天都会吸引成千上万的游客。

但是，人们在这里所看到的鲸鱼被分成了两个截然不同的种群。所谓的“常住鲸”主要以三文鱼和其他鱼类为食，它们生活在各个大家族中，每个家族中的个体甚至可多达 30 个。它们通常在发出声音上非常活跃，人们利用水中测听仪就能够收听到由哨声和悦耳叫声组成的生动的鲸鱼交流的声音。另一个种群的成员，即所谓的“流动鲸”，则以其他海洋哺乳动物为食，如海豹、海狮和其他鲸类动物。它们大多三五成群地到处游荡，与“常住鲸”不同的是，它们通常还会单独出现。他们非常安静，只是偶尔发出轻轻的招呼声。它们不向猎物“预警”自己的存在是有道理的，因为哺乳动物在水下都有极为出色的听觉。

这两种虎鲸的不同并不仅仅表现在行为上。就它们的外貌而言，体形大小、黑白相间的颜色和高高突起的背鳍在表面上都是相似的，但如果仔细观察，它们之间还是有一些细小的差别。“流动鲸”略小于“常住鲸”，其背鳍更像三角形，也更尖。观察表明，即使生活在同一水域，这两种鲸也彼此不相往来。此外，DNA 分析证实，它们之间不会进行交配。无论在哪一种类型中都几乎没有遗传变异，换言之，它们是近亲繁殖的。但事实上，这两种虎鲸之间的差异要比

挪威的食鲱虎鲸

太平洋虎鲸和大西洋虎鲸之间的差异大得多。这正是我们期望在一个即将一分为二的物种身上看到的差异。[9]目前，所有的虎鲸仍然同属一个物种，即使有些虎鲸表现得好像它们是异类一样。如果这种情况持续的时间足够长，一个真正的新物种也许就会进化出来。

地铁蚊子

进化可以很快发生。伦敦地铁系统里生活着一种特殊的蚊子——地下家蚊，这种蚊子在数百万年甚至数千年的时间里都没能适应其生存的环境。第一批地铁线路直到 1863 年才被开通，从那时起，这些通常在地面上过着典型昆虫生活的蚊子，就在城市街道的地下深处定居下来。据伦敦动物学研究所的蚊子专家凯瑟琳·伯恩称，地铁的隧道为蚊子提供了一个很好的栖息地，那里的温度和湿度相当稳定，没有雪天或霜冻天气，天敌也很少。伯恩对这种蚊子进行了研究，发现其基因差异甚至出现在不同的地铁线路上，维多利亚线、贝克鲁线和中央线都有各自的地下家蚊品种！

地下家蚊看起来和它们的近亲——地上的尖音库蚊一模一样，但两者的行为大不相同。尖音库蚊喜欢叮咬鸟类，会冬眠；而地下家蚊则喜欢攻击人类，且全年都很活跃。繁殖实验表明，这两种蚊子都能产卵并产生可育后代，但两者杂交的后代都是不育的。[10] 尽管这可以被看作对两种蚊子分属独立物种这一观点的支持，但科学家们在这一点上仍然没有达成一致。

来自加拉帕戈斯群岛的惊喜

当达尔文在加拉帕戈斯群岛上收集动植物标本，梦想着回到英国的时候，一种不知名的陆地鬣蜥正生活在伊莎贝拉岛上的沃尔夫火山附近，没有受到干扰，也没有被人注意到。达尔文从未去过这座火山，所以也从未见过这种特殊的、身体为独特粉红色的鬣蜥。事实上，这种鬣蜥直到 1986 年才被发现，当时的一些加拉帕戈斯群岛国家公园的管理员报告说，他们看到了生活在火山周围的陆地鬣蜥，这些鬣蜥看起来是粉红色的，而不是他们所了解的其他岛屿上的陆地鬣蜥的那种黄色和棕色。

不出所料，对于加拉帕戈斯群岛来说，新发现的这种陆地鬣蜥果然又是一个独立的物种。此前人们在加拉帕戈斯群岛上已经发现了两种陆地鬣蜥，一种广泛分布于整个群岛上，另一种则仅在一个岛上被发现过。人们通过对这三种鬣蜥的 DNA 进行比较发现，这种新的粉红色鬣蜥与其他两种鬣蜥的差异，要大于后两者之间的差异。这表明，首先，粉红色的形式是从其他陆地鬣蜥身上分化而来的；其次，另外两种鬣蜥是最近分裂出来的。2009 年，遗传学家计算出，在大约 570 万年前，加拉帕戈斯群岛中的一些岛屿还没有形成的时候，鬣蜥种群谱系就发生了第一次分裂。因此，新发现的粉红色鬣蜥实际上是岛上最古老的居民之一！[11]

这一古老物种的发现，非常清晰地表明了达尔文对加拉帕戈斯群岛的观察，肯定了他在开始研究这么多不同但又关系密切的物种时所认识到的一点，即岛屿是奇妙的“物种工厂”。

粉红陆地鬣蜥是一个新发现的物种，它只生活在厄瓜多尔所属加拉帕戈斯群岛的伊莎贝拉岛上的沃尔夫火山一带

巴塔哥尼亚的欲望港海岸

康拉德·马滕斯所绘水彩画，剑桥大学图书馆藏。

第13章

进化与宗教

“以我所拥有的这种并不冒尖的能力，我竟然在一些重要的问题上对科学家的信念产生了相当大的影响，这着实令人惊讶。”

图片见《“贝格尔号”航行之动物学》。

达尔文的进化论改变了我们对世界的看法。正如哥白尼和伽利略证明了地球不是宇宙的中心，并不是所有的东西都围绕着地球转动一样，达尔文也证明了人类只是地球上众多物种中的一个，我们是大自然的一部分。达尔文提出了一个非常简单的进化机制——物竞天择，从而令“上帝是造物主”的观念变得多余，也使得达尔文的反对者们如鲠在喉。

进化论和物竞天择机制都遭遇到激烈的抵制，特别是来自宗教界的抵制，直到今天依然如此。荒唐的是，尽管人们在过去 150 多年里积累了大量支持进化论的证据，但一些人对进化论的反对并没有因此减少。尤其是在美国，关于进化论教学的争议甚至引发了一系列法律诉讼。

猴子审判

1925 年，美国一家法庭进行了第一次针对进化论的庭审，将进化论押上了被告席。田纳西州参议院颁布了一项法律，禁止中小学和大学进行任何否认《圣经》创世故事的理论教学。该法特别强调，严禁讲授人类是从“低等”动物进化而来的观念。到 20 世纪 20 年代初，俄克拉何马州和阿肯色州也有类似的法律被写入法典，其他许多州也曾试图禁止关于进化论的教学，尽管这一企图并没有成功。

当时新成立的美国公民自由联盟（ACLU）看到了一个挑战反进化论州立法的机会，因为这些立法都基于宗教理由。他们争论的核心就是美国宪法第一修正案，该修正案保障宗教自由，并将政教分离。美国公民自由联盟争辩说，任何基于宗教缘由而允许或禁止某件事的法律都是违反宪法的。为了在法庭上证明这一点，他们需要有人愿意站出来接受违法教授进化论的指控。为此，美国公民自由联盟在田纳西州各家报纸上刊登广告，征召做好准备挑战州立法的公民。

在田纳西州的戴顿镇，一群与美国公民自由联盟有联系的公民设法找到了年轻的高中教师约翰·斯科普斯，他乐意站出来承认，是的，他教过进化论。这群公民和斯科普斯都对把这个问题放到法庭上审判感兴趣，因为他们认为法律阻碍了科学的进步。斯科普斯（其实是一名在职中学体育教练）记不起来，在他偶尔作为代课老师给学生上生物课时，他是否曾经明确地把人类和类人猿的进化联系起来。然而，如果能找到一些学生为对他的指控做证的话，他愿意被起诉！这些学生还真的被找到了，所以在 1925 年 7 月 10 日，历史上最离奇的审判之一开始了。尽管辩方提出了抗议，但法官每天开庭前还是要先祈祷。此外，法庭的观众席上方悬挂着一面巨大的横幅，上面写着“恭读《圣经》”的劝言。

部分审判在室外进行。审判期间，一面写着“恭读《圣经》”的大横幅被挂在墙上

公诉机关由一个法律团队代表，其中最著名的成员是65岁的威廉·詹宁斯·布赖恩，他曾三次竞选总统失败。他也是一名虔诚的信徒，这极大地影响了审判的结果，尤其是当首席辩护律师克莱伦斯·丹诺请他做证，以揭示他从《圣经》的角度是如何看待那一长串科学问题的时候。布赖恩心甘情愿地扮演这个角色，尽管在某些人眼里，他对《圣经》字面真理的盲目信仰让他看起来十分可笑。

以下简短摘录了庭审中的一些颇为有趣的对话片段：[1]

问：但是，当你读到约拿吞下了鲸鱼，或者鲸鱼吞下了约拿的时候，对不起，请问你会做何解读呢？

答：我读到的是一条大鱼吞了约拿，上面并没有说是鲸鱼……

两位律师在法庭上。克莱伦斯·丹诺（左）为斯科普斯辩护，威廉·詹宁斯·布赖恩（右）为原告辩护

我记得就是这样。有一条大鱼，我相信它，我也笃信上帝，他能造出一条鲸鱼，也能造出一个人，而且他能凭自己的喜好打造这两样。

问：那么，你是说，大鱼吞了约拿，他在那里待了多久？哦，三天，然后大鱼就把约拿吐在了地上。你确信大鱼就是为了吞掉约拿才被造出来的吗？

答：我可没打算这么说，《圣经》只是说有这么一件事。

问：你并不知道这究竟是条普通的鱼，还是特意打造的，对吗？

答：你可以猜，你们这些进化论者就尽管猜吧……

问：你不打算说这条鱼到底是不是专门为了吞人才被造出来的吗？

答：《圣经》没有说，所以我也不打算说。

问：但你相信是上帝造了他俩对吗？上帝造了这么一条鱼，大得足以吞下约拿？

答：是的，先生。让我补充一点，相信一个奇迹，就容易相信另一个。

问：要是这难以被相信呢？

答：对你来说难以相信，但对我来说却很容易。奇迹是人类无法完成的事情。只要你进入奇迹的境界，相信约拿的奇迹就会像相信《圣经》中的其他奇迹一样容易。

问：相信约拿吞了那条鲸鱼也特别容易吗？

答：如果《圣经》是这样说的话。《圣经》可不像进化论者那样尽做些极端的表述……

就这样，双方的讨论在法庭上一来一去地进行。丹诺向布赖恩连发数问，包括他是否真的相信如《圣经·旧约》里所写的那样，是约书亚让太阳静止不动的；他认为有哪些动物最终登上了挪亚方舟，夏娃是否由亚当的肋骨做成；以及地球只有 6 000 年历史的说法是否真有道理。布赖恩欣然回答了所有的问题。

接着，控方传唤一名学生霍华德·摩根到证人席上，想听听斯科普斯上课时到底都教了些什么。摩根首先受到检察官斯图尔特将军（General Stewart）[顺便说一句，斯图尔特其实不是军人，

“将军”（General）只是他的名字而已］的讯问。

问：你上过斯科普斯老师的课吗？

答：是的，先生。

问：那你学过这本《科学通识》吗？

答：是的，先生。

问：霍华德，你们是今年4月学的这本书对吗？

答：是的，先生。

问：是斯科普斯老师教的吗？

答：是的，先生。

问：你们是什么时候学完这本书的？

答：4月下旬。

问：学校是什么时候放假的？

答：5月1日或2日。

问：那就是说，你们在放假前的一个星期左右学完了这本书，对吗？

答：是的，先生。

问：那好，你说你们是在4月学的这本书，那斯科普斯老师是怎么给你们讲这本书的呢？我的意思是，他有问你们问题吗？你们都回答了吗？或者只是他一个人给你们讲课，又或者两种形式都有？现在请向陪审团，也就是你面前的这些先生，解释一下，老师是如何教你们学习这些课本中的知识的。

答：有时候他会问我们一些问题，然后就根据书中的不同主题给我们讲课。

问：有时候他会问你们一些问题，然后再根据书中的不同主题给你们讲课，对吗？

答：是的，先生。

问：他有没有尝试过给你们讲进化论方面的内容呢？

答：有的，先生。

问：那就用你自己的话说说吧，霍华德，老师都教了些什么，又是什么时候教的。

答：4月2日前后。

问：今年？

答：是的，先生，就是今年。他说，地球曾经是一个炽热的熔融体，因为太热，动植物都无法在上面生存。在海洋里，地球冷却下来，在那里有单细胞有机体的小胚芽生成。这种有机体一直在进化，直到它变成一个相当大的海洋动物，然后再变成陆地动物。它一直在进化，而人类就是由此进化而来的。

问：让我再重复一遍，也许会比你说得要更重一点。如果我说的不对，你就纠正我。我还想问你，霍华德，他是如何将人类与其他动物进行分类的？关于动物，他都说了些什么？

答：嗯，课本和他都是把人跟猫、狗、牛、马、猴子、狮子、马等动物分在一类。

问：那他怎么称呼它们呢？

答：哺乳动物。

问：是将人与狗、猫、马、猴子和牛分成一类对吗？

答：是的，先生。

当丹诺为辩方讯问证人时，他也提到了分类的问题：

问：让我看一下，你叫什么名字？

答：霍华德·摩根。

问：那么，霍华德，你说的分类是什么意思？

答：哦，就是说把我们提到的这些动物归为一类，人和它们是一样的，换句话说……

问：他并没有说猫和人也是一样的吧？

答：没有，先生。他说人有推理的能力，这些动物没有。

问：这里姑且存疑，不过他就是这么说的，对吗？（法庭里出现一阵哄堂大笑。）

尽管丹诺据理力争，但斯科普斯还是因讲授进化论而被判违反田纳西州的法律。他被处以罚款 100 美元，《巴尔的摩太阳报》立即支付了这笔罚款。布赖恩在审判结束五天后死于心脏病发作。

就这样，进化论的支持者们输掉了在美国法庭关于进化论教学和基督教信仰之争的第一场审判，在之后的几十年里，这场官司对美国中小学和大学的科学教学产生了重大的影响。100 美元的惩罚虽算不上严厉，但却是一个里程碑式的判决，它鼓励了其他州的立法机构也朝着田纳西州、俄克拉何马州和阿肯色州的方向前进。由此事件而引发的另一项发展，就是出现了所谓的“创世科学”（creation science）的概念，即试图为《圣经》中的创世故事赋予科学可信性。直到今天，这个概念仍然存在。

诉讼仍在继续出现

从20世纪60年代开始，美国就出现了一系列涉及进化论教学的法庭案例。1968年，美国公民自由联盟再次主动出击，挑战20世纪20年代通过了反进化论法律的另一个州的立法机构——阿肯色州议会。这一次，官司一直打到了美国最高法院，美国公民自由联盟赢得令人心服口服。9名最高法院法官一致裁定，“显而易见，原教旨主义的宗教信仰过去是，现在依然是法律存在的理由”[2]，因为这违反了宪法。

然而，阿肯色州的反对仍然很强硬。1982年，该案又重新闹上了法庭。各学校当局要求给予“创世科学”与达尔文进化论同等的教学时间。法庭裁定，“创世科学”不是科学，而是一种宗教，因此根本不应该被纳入科学课程。

1986年，路易斯安那州也审理过类似的案件。当地政府通过了一项“创世论法案”，规定除非与“创世科学”在教学上保持“平衡”，否则禁止有关进化论的教学。受理法庭再次裁定创世论是宗教，不是科学，因此在公立学校讲授创世论是违宪的。[3]法庭发现，通过提出一种宗教信仰，即认为是超自然的存在创造了人类（一种被“创世科学”这个术语支持的信仰），该项法案竟然支持一种特定的宗教观点，这是不能被允许的。此外，法庭还发现，除非也讲授“创世科学”，否则就禁止讲授进化论的要求，会损害向学生提供全面的科学教育的目标。

但这依然只是一场漫长战役的开始。在这些法庭裁决根据宪法否定了“创世科学”的合法性之后，进化论的反对者改变了策略，提出了一个新的概念——“智能设计”论，来作为自然科学的竞争模型。

创世论和“智能设计”论

“创世论”这个术语表达了这样一种观点，即《圣经》中的创世故事应该从字面上去理解，地球（以及地球上的一切）是由一个超自然的存在创造的。有很多程度不同的创世论，从最基本的——坚持认为地球只有 6 000 年的历史，所有的生物（和化石）都是在同一时间被创造出来的；一直到更加细微的说法，即承认地球是非常古老的，而且并不是所有生物都是从一开始就存在的。所谓的“年轻的地球”创世论者，对《圣经・创世记》中的说辞完全照字面生搬硬套，坚持认为地球和生命本身都是在 6 天内被创造出来的，人类和其他所有生物是被同时创造出来的。他们认为，化石和其他所有能证明亿万年来进化的证据只不过是被熟练制作出来的赝品。

在肯塔基州彼得堡，一些更认死理的创世论者甚至拥有自己的

“创世博物馆”。就像在其他任何的自然历史博物馆里一样，游客在这里可以欣赏用蒙太奇手法表现得栩栩如生的动植物，但也会看到人类和恐龙被刻意强扭在同一个场景中，尽管科学已经确定 6 500 万年前恐龙就灭绝了（比地球上最早出现直立行走的人类还要早 6 000 万年）。永久性的陈列室包括“伊甸园”“挪亚方舟”及“洪灾室”，观众可以在此看到滔天洪水把有罪之人吞没，席卷而去。

20 世纪 80 年代末，“创世科学”的教学被宣告为不科学的和违宪的，取而代之的是“智能设计”的概念。“智能设计”论运动与“年轻的地球”创世论者拉开了距离，其支持者承认地球是古老的，物种在一定程度上可以发生改变。一些支持者甚至接受人

在肯塔基州的“创世博物馆”，美国游客可以看到人和恐龙同框的画面。该博物馆声称，地球被创造于 6 000 年前，人类和恐龙同时共存

类和猿有共同起源的观点。他们的主要论点是，有许多高度复杂的活着的生物体（以及器官），不可能通过物竞天择而产生，因为它们在完全进化之前是不能发挥作用的。

为了说明如此复杂的系统只有变得完整才能发挥作用，“智能设计”论运动的支持者用捕鼠器打了个比方。捕鼠器由一个弹簧、一个夹子、一个木制底座及一个能让夹子快速扣住老鼠的触发器组成，如果其中任何一个部件被移除，捕鼠器就不能工作。同样，他们认为，许多复杂的生物系统，比如眼睛或翅膀，除非已经变成完整的，否则就无法像眼睛或翅膀那样发挥作用。创世论者认为，很难看出它们是如何通过渐进的进化过程而出现的，因此它们一定是由某种有意识的“智能”设计的——正如威廉·佩利在1802年所指出的那样。“智能设计”论的现代支持者通常会小心翼翼地避免提及“上帝”作为设计师，至少在面对普通大众的表述中是这样的，但似乎很少有其他人选可以胜任这项“宇宙工程师”的工作。

生物学家很轻易就能解开这个结论中的逻辑谬误。在组装完成之前，捕鼠器是不能作为捕鼠器使用的，但其所有的部件都可以很好地用于其他目的。如果没有触发器，夹子可以是一枚极好的回形针，而触发器本身可以作为鱼钩。与此相似，一个复杂的生物系统的各组成部分，也可能很容易为了完全不同的目的而独立进化。例如，羽毛最初可能是为了给恐龙身体隔热而进化的，但现在却使它们的后代鸟类能够飞翔。

基茨米勒诉多佛地区学校董事会案

时候一到，“智能设计”论也在美国法庭上接受了审判，就像20年前的“创世科学”论一样。宾夕法尼亚州多佛小镇的学校董事会决定，学生们应该学习“智能设计”论和达尔文进化论，因为这二者都是对地球生命的貌似同样合理的解释。当地学校的一群学生家长就此提出控告，因为他们不希望他们孩子的科学课程中含有关于生命故事的创世论或“智能设计”论的版本。同样，该案件也得到了美国公民自由联盟的支持。

2005年的这一法律诉讼的一个核心问题是，就像“智能设计”论的倡导者所主张的那样，创世论和“智能设计”论之间是否存在差异。这个问题至关重要，因为“创世科学”已经被美国最高法院以非科学为由驳回。因此，辩护的理由在于证明“智能设计”不同于“创世科学”，恰恰相反，它依据的是真正的科学。东南路易斯安那大学哲学教授、原告的关键证人芭芭拉·福里斯特仔细研究过主要的“智能设计”版学校教科书《论熊猫与人》(*Of Pandas and People*)。“智能设计”论的游说团提议在多佛的学校使用这本书，以取代标准的生物学课本。福里斯特重拳出击，向法庭展示了一份图表，说明在20世纪80年代早期那几次谴责创世论的审判之后，“创世论”这个词只是从教科书的后续版本中被简单地删除，并同时被“智能设计”一词取而代之。正因如此，这些课本的内容完全没有任何变化，仅仅删除了“创世”和“创世论”这两个词。

其他控方传唤的专家证人不仅描述了科学方法的构成，以及它与“智能设计”论方法的不同之处，还解释了达尔文进化论的一些证据。布朗大学生物学家、天主教徒肯·米勒博士在论辩中对“智能设计”论的弱点进行了分析，同样重要的是，他还解释了身为基督教信徒却同时相信进化论的可能性：“进化理论完全兼容不同的宗教信仰。但我们也认识到，我们的宗教信仰不是科学，而是哲学、神学，且带有很强的私人性。因此，宗教信仰不属于任何科学课程，宗教经典也肯定不属于科学教科书。”[4]

首席辩护证人、理海大学生物化学教授、“智能设计”论的支持者迈克尔·贝赫博士在重压下被迫承认，在由同行评审的期刊上从来没有发表过任何一篇支持“智能设计”理念的科学论文。

在“智能设计”论的惨败中，法官裁定它没有科学依据，纯粹是宗教的拼凑物。“智能设计”论依赖于超自然的解释，违背了自然科学最基本的原则之一。

欧洲的进化论和创世论

尽管美国最近所有的此类法庭诉讼都是由科学家而非创世论者胜诉，但关于进化论教学的争论远未结束。除了土耳其，世界上的工业化国家中很少有人认同这种说法，即“人类，如我们所知，是由早期动物进化而来”。美国有三分之一的成年人完全反对进化论，仅有 14% 的人说他们完全同意进化的存在。[5]

欧洲的情况则大不相同，北欧国家的排名接近榜首，多达80%的人相信进化论。然而，近年来，创世论和“智能设计”论也在欧洲掀起了浪潮。在21世纪头十年，总部设在美国的福音派组织，如“《圣经·创世记》中的答案”之类，在欧洲投资建立分支机构。取名奇怪的“科学中的真理”运动向英国的每一所学校免费发放DVD（高密度数字视频光盘），宣传人类是“智能设计”的结果，而不是达尔文理论所说的进化的产物。甚至连欧洲的一位教育部长、荷兰基督教民主同盟成员玛丽亚·范·德·霍文也被感动了，并宣称达尔文的理论是不完整的，应该由“智能设计”论来补充。土耳其知名宣传家哈伦·叶海亚向欧洲各地的中小学和大学寄送了数万本他写的那本700页、配有插图的著作《创世地图集》（*The Atlas of Creation*）。这本书否认进化论，并宣称所有有利于进化论的证据都是虚假或被曲解的。

创世论思想在教育领域的传播引起了相当大的关注，以至于欧洲委员会（Council of Europe）在2007年通过了一项题为《创世论对教育的危害》的决议。决议指出，“针对进化论及其支持者的战争，通常最早都以宗教极端主义的形式出现，并与极端右翼政治运动密切相关”，并敦促各成员国“坚决反对将创世论作为科学学科与进化论一起进行对等教学”。[6]

但斗争仍未结束。由比利时和丹麦的三位科学家编撰的《欧洲的创世论》（*Creationism in Europe*）一书认为，反进化论在欧洲是一个日益严重的问题。这本书记录了创世论在欧洲的传播，发现创世论、“创世科学”、“智能设计”论和有组织的反进化论主义的问题越发严重。[7] 这一点在学校的课堂讨论及科学课程设置中尤为明显，而在互联网上也是越来越引人注目。说来矛盾的是，创世论和其他反进化论的观点在越来越多的地方站住了脚，但与此同时，科学也正在发现更多的进化论证据。

达尔文和信仰

达尔文本人并未被宗教问题困扰。年轻时，他曾是一名信徒，对待《圣经》十分虔诚。多年后他在回忆录中说："在'贝格尔号'上的时候，我很正统。记得有一次，我就某些道德问题引用了具有无可辩驳的权威的《圣经》，被几位军官（虽然他们自己也很正统）尽情嘲笑了一通。"[8] 但是，回到英国不久，他的怀疑变得越来越强烈，以至于他觉得有必要在结婚前向艾玛和盘托出。达尔文对基督教本身的排斥并不强烈，但他的信仰却逐渐消失了，"就这样，我慢慢地产生了怀疑，但最终还是完全不信了"[9]。

一些历史学家认为，女儿安妮的死是压垮达尔文早已动摇不定的信仰的最后一根稻草。他已然发现，他实在难以把信仰无所不能的上帝与自己身边所看到的苦难和折磨协调起来。美国植物学家阿萨·格雷是一位虔诚的基督徒，也是达尔文经常与之讨论宗教问题的同行，达尔文在给他的信中写道："一个无辜的好人站在树下，却被闪电劈死了。你相信是上帝按照自己的设计而杀了这个人吗？（我倒是真心希望听到你说'是'。）许多人或大多数人都相信这一点，可我不能相信，也不会相信。”[10] 他还在信中提到了姬蜂（Ichneumonidae），那是一群寄生胡蜂，它们总是把卵产在其他昆虫的幼虫体内：“对我来说，世间的不幸真是太多了。我无法说服自己，一个仁慈的、万能的上帝会设计创造出姬蜂，专门让它们在毛虫的活体内进食，又或者刻意让猫耍着老鼠玩儿。”[11]

达尔文的晚年

达尔文晚年从事的最后一个科学项目非常恰当，即研究蚯蚓及它如何将有机物转化为土壤。与往常一样，他的观察细致而精准，他擅长设计简单而有效的实验，这种特别的才华并没有背弃他。为了测试蚯蚓对震动的敏感程度，他把它们放在客厅钢琴上的花盆里，这样他就可以观察它们对钢琴演奏的反应。

在晚年，达尔文反思了他对世界的影响。他非常清楚，甚至在撰写《物种起源》之前很多年，他的想法就是那么地具有开创性。“我刚刚完成了我的物种理论大纲。如果我的理论所言不虚，正如我相信的那样，且即使只有一位称职的法官能够接受它，那也将是科学上迈出的了不起的一大步。”[12] 他在 1844 年致妻子的一封信中如是说道。

这确实是科学上迈出的一大步，它永远地改变了我们作为人类理解世界的方式，改变了我们对于生命如何在大千世界中进化

达尔文在他的书房里写下了他的重要著作，包括《物种起源》(1859 年)

而来及人类如何融入其中的看法。然而，在达尔文对自己一贯谦虚的看法中，他并不认为自己有什么过人之处。他在回忆录中承认："我没有很敏捷的理解力，也没有一些聪明人所具有的非凡智慧……我对一长串纯粹抽象的思维的理解能力非常有限……我的记忆力很广，但很模糊。"最后，他用这样一句谦虚的话来做总结："以我所拥有的这种并不冒尖的能力，我竟然在一些重要的问题上对科学家的信念产生了相当大的影响，这着实令人惊讶。"[13]

当达尔文的体力开始衰退时，他清楚地意识到自己正在变得苍老和虚弱。在他 73 岁生日的第二天，他在一封信中写道："我觉得自己很老了，我的人生即将谢幕。"[14] 两个月后，他完成了他的

达尔文葬礼在威斯敏斯特教堂举行

人生旅程。1882 年 4 月 19 日，达尔文在唐屋故居的床上去世，艾玛和他的几个孩子陪伴在他身边。他的儿子弗朗西斯后来说，达尔文似乎意识到死亡的来临，他的遗言是“我一点儿也不怕死”。[15]

与达尔文的一生形成鲜明反差的是，他的葬礼既不安静也不私密。他刚一去世，一群科学家和国会议员就为这位英国当时最伟大的科学家请愿，要求将他安葬在威斯敏斯特大教堂的艾萨克·牛顿墓旁。查尔斯·达尔文的生命进化论至今一直在改变着世界，因而理所当然，他最后的安息之地就应该比邻他的这位同样给同时代人带来划时代思想的同胞。出席安葬仪式的有来自英国上流社会的各界名流显要，还有他忠实的仆人帕斯洛和厨师埃文斯夫人。此时莱尔已经去世，但剩下的“火枪手”友人胡克、华莱士和赫胥黎都在护柩者之列。

达尔文已经解决了一些关于生命的最大问题，比如，我们是谁？我们从哪里来？这些问题太大了，几乎无人敢碰。但正如达尔

达尔文照

其子伦纳德·达尔文摄。

文自己所说："无知有时比知识更容易带来自信，正是那些所知甚少的人，而不是那些学识渊博的人，会如此肯定地断言这个或那个问题永远无法被科学解决。"[16]

他学识渊博。

威斯敏斯特教堂的达尔文墓

歆竹摄。

致谢

透过“达尔文在线”（www.darwinonline.org.uk）和“达尔文书信项目”（www.darwinproject.ac.uk）网站，我查阅了大量面向公众开放的书籍、期刊、信件和其他资料，如笔记、日记、日志等，这极大地促进了我为写作本书所进行的研究。这两处在线资源都

本书作者汉娜·斯特拉格

提供了极其丰富的手稿、相关文章和附加内容，网站上的搜索平台使用起来也很容易。

非常感谢丹麦自然历史博物馆的同事们给予我的启发和建议。他们在审阅各部分手稿，以及在我写作的不同阶段，都为我提供了真知灼见和修改建议，并发现了不少谬误之处。我要特别感谢延斯·阿斯楚普（Jens Astrup）、约恩·马德森（Jørn Madsen）、托马斯·佩普（Thomas Pape）、米尼克·罗辛（Minik Rosing）、奥利·塞贝格（Ole Seberg）和斯文·斯托奇（Sven Stouge）帮我审阅本书的最初几稿。他们发现了许多错误，这使得本书的许多观点更清晰、更精准。

我还要感谢居伦达尔出版社（Gyldendal）的编辑奥利·约根森（Ole Jørgensen）和阿克塞尔·基兰（Axel Kielland），他们审阅了本书手稿，并给出了富有建设性的建议。感谢凯瑟琳·德纳多（Catherine DeNardo）和埃罗尔·富勒（Errol Fuller），他们为本书的内容和架构提供了深思熟虑的建议和非常有价值的反馈。

格雷厄姆·蒂明斯（Graham Timmins）将本书由丹麦语翻译成英语，他的翻译非常出色，不仅语言转译精准，而且从字里行间识别和把握住了原文的意蕴。他还主动承揽了大量的史实核对和内容厘清的工作，为本书增色不少。

我要感谢本书的文字编辑罗伯塔·肖尔茨（Roberta Scholz），她认真仔细地审阅了书稿，给我提出了修改建议。她所做的远不止发现谬误和错漏（尽管确实也不少），她还对文字本身进行润饰，指出了容易让人困惑或被误导的一些地方，并提出了更好的替代方案。与本书的译者一样，她也极大地完善了本书。

感谢“达尔文书信项目”允许我引用达尔文于 1882 年 2 月 13 日写给 R. L. 泰特（R. L. Tate）的信，尤其要感谢罗斯玛丽·克拉克森（Rosemary Clarkson），因为她给了我很大的帮助，为我提供了正确的引文。本书还引用了其他一些信件和《达尔文的“贝格尔号”日志》，这都承蒙剑桥大学出版社的许可。我还要感谢霍勒斯·巴洛博士（Dr. Horace Barlow），是他允许我引用《达尔文自传》（*The Autobiography of Charles Darwin*）中的几段话。承蒙剑桥大学图书馆理事们应允，本书才得以收录《达尔文笔记 B》（*Darwin's Notebook B*）、《达尔文“贝格尔号”动物笔记》（*Darwin's Beagle Animal Notes*）和《达尔文论射击笔记》（*Darwin's Notes on Shooting*）的相关引文，诚然，我对此感激不尽。

同样，我要感谢伦敦自然历史博物馆理事会，是他们允许我引用由诺拉·巴洛（Nora Barlow）编辑并发表在《大英博物馆公报（自然历史版）》[*Bulletin of the British Museum*（*Natural History*）] 上的达尔文鸟类学笔记。普林斯顿大学出版社准许我引用沃尔特·阿尔瓦雷斯所著《霸王龙和陨石坑》（*T. Rex and the Crater of Doom*）。

在丹麦自然历史博物馆的历史图书馆里，我度过了数不清的时光，感谢图书管理员汉娜·艾斯珀森（Hanne Espersen）让我有机会使用该馆，并帮我找到部分达尔文著作的老旧版本。

特别鸣谢萨拉·达尔文博士为本书撰写的如此精彩的前言。对此，我深感荣幸，也非常感谢她给出的宝贵评语和正误。

最后，当然，我要感谢我的家人和朋友，感谢他们在我研究和写作本书期间给予我的大力支持，而且，我尤其要感谢他们对我痴迷于达尔文的慷慨包容。

注释

前言

1. Keynes, R. D., ed. 2001. *Charles Darwin's Beagle Diary*. Cambridge: Cambridge University Press.

第 1 章　走向成熟的年轻人

1. Darwin, Francis ed. 1887. *The life and letters of Charles Darwin, including an autobiographical chapter.* London: John Murray. Volume 1. Page 28.
2. Darwin, Francis ed. 1887. *The life and letters of Charles Darwin, including an autobiographical chapter*. London: John Murray. Volume 1. Page 27.
3. Darwin, Francis ed. 1887. *The life and letters of Charles Darwin, including an autobiographical chapter*. London: John Murray. Volume 1. Page 44.
4. William Paley. 1802. *Natural Theology*. Page 1
5. Darwin, Francis ed. 1887. *The life and letters of Charles Darwin, including an autobiographical chapter*. London: John Murray. Volume 1. Page 59.
6. Darwin, Francis ed. 1887. *The life and letters of Charles Darwin, including an autobiographical chapter.* London: John Murray. Volume 1. Page 52.
7. Darwin Correspondence Database, http://www.darwinproject.ac.uk/entry-789 accessed on Fri Jul 31 2015. Correspondence of Charles Darwin: 1844-1846 (vol-3). Burkhardt, F., and Smith, S. Cambridge University Press, 1988. Reproduced by permission from Cambridge University Press.
8. Darwin Correspondence Database, http://www.darwinproject.ac.uk/entry-729 accessed on Fri Jul 31 2015. Correspondence of Charles Darwin: 1844-1846 (vol-3). Burkhardt, F., and Smith, S. Cambridge University Press, 1988. Reproduced by permission from Cambridge University Press.
9. Darwin, Francis ed. 1887. *The life and letters of Charles Darwin, including an*

autobiographical chapter. London: John Murray. Volume 1. Page 38.

10. 同上。

第 2 章 打开未来之门的钥匙

1. Darwin, C.R. 1958. *The autobiography of Charles Darwin 1809-1882. With the original omissions restored. Edited and with appendix and notes by his grand-daughter Nora Barlow.* London: Collins. Page 57
2. Darwin Correspondence Database, https://www.darwinproject.ac.uk/entry-42 accessed on Sun Jul 26 2015. The Correspondence of Charles Darwin: 1821-1836 (vol-1). Burkhardt, F., and Smith, S. Cambridge University Press, 1985. Reproduced by permission from Cambridge University Press.
3. Darwin, Francis ed. 1887. *The life and letters of Charles Darwin, including an autobiographical chapter.* London: John Murray. Volume 1. Page 221
4. Darwin, Francis ed. 1887. *The life and letters of Charles Darwin, including an autobiographical chapter.* London: John Murray. Volume 1. Page 222
5. Darwin, Francis ed. 1887. *The life and letters of Charles Darwin, including an autobiographical chapter.* London: John Murray. Volume 1. Page 72
6. Darwin, C.R. 1839. *Narrative of the surveying voyages of His Majesty's Ships Adventure and Beagle between the years 1826 and 1836, describing their examination of the southern shores of South America, and the Beagle's circumnavigation of the globe. Journal and remarks. 1832–1836.* London: Henry Colburn.
7. Darwin, Francis ed. 1887. *The life and letters of Charles Darwin, including an autobiographical chapter*. London: John Murray. Volume 1. Page 62
8. Darwin, C.R. 1839. *Narrative of the surveying voyages of His Majesty's Ships Adventure and Beagle between the years 1826 and 1836, describing their examination of the southern shores of South America, and the Beagle's circumnavigation of the globe. Journal and remarks. 1832–1836*. London: Henry Colburn. Page 406.
9. Darwin, C.R. 1839. *Narrative of the surveying voyages of His Majesty's Ships Adventure and Beagle between the years 1826 and 1836, describing their examination of the southern shores of South America, and the Beagle's circumnavigation of the globe. Journal and remarks. 1832–1836*. London: Henry Colburn. Page 379.
10. FitzRoy, R. 1839. *Narrative of the surveying voyages of His Majesty's Ships Adventure and Beagle between the years 1826 and 1836, describing their examination of the southern shores of South America, and the Beagle's circumnavigation of the globe. Proceedings of the second expedition, 1831–36, under the command of Captain Robert FitzRoy, R.N.*

London: Henry Colburn. Page 658.

11. 同上。
12. Darwin Correspondence Database, https://www.darwinproject.ac.uk/entry-542 accessed on Sun Jul 26 2015. The Correspondence of Charles Darwin: 1837-1843 (vol-2). Burkhardt, F., and Smith, S. Cambridge University Press, 1987. Reproduced by permission from Cambridge University Press.
13. Alvarez, L.W., Alvarez, W., Asaro, F., and Michel, H.V. 1980. Extraterrestrial cause for the Cretaceous–Tertiary extinction. Science 208(4448): pages 1095–1108.
14. Alvarez, W. 1997. *T. rex and the Crater of Doom.* Princeton University Press.
15. Darwin Correspondence Database, https://www.darwinproject.ac.uk/entry-602 accessed on Sun Jul 26 2015. The Correspondence of Charles Darwin: 1837-1843 (vol-2). Burkhardt, F., and Smith, S. Cambridge University Press, 1987. Reproduced by permission from Cambridge University Press.
16. Rosing, M., Bird, D.K., Sleep, N.H., Glassley, W., and Albarède, F. 2006. The rise of continents: An essay on the geologic consequences of photosynthesis. *Palaeogeography, Palaeoclimatology, Palaeoecology*, no. 232, pages 99–113.

第 3 章 神秘的骸骨

1. Darwin Correspondence Database, https://www.darwinproject.ac.uk/entry-154 accessed on Sun Jul 26 2015. The Correspondence of Charles Darwin: 1821-1836 (vol-1). Burkhardt, F., and Smith, S. Cambridge University Press, 1985.
2. Darwin Correspondence Database, https://www.darwinproject.ac.uk/entry-164 accessed on Sun Jul 26 2015. The Correspondence of Charles Darwin: 1821-1836 (vol-1). Burkhardt, F., and Smith, S. Cambridge University Press, 1985. Reproduced by permission from Cambridge University Press.
3. Darwin Correspondence Database, https://www.darwinproject.ac.uk/entry-180 accessed on Sun Jul 26 2015. The Correspondence of Charles Darwin: 1821-1836 (vol-1). Burkhardt, F., and Smith, S. Cambridge University Press, 1985. Reproduced by permission from Cambridge University Press.
4. Darwin Correspondence Database, https://www.darwinproject.ac.uk/entry-206 accessed on Sun Jul 26 2015. The Correspondence of Charles Darwin: 1821-1836 (vol-1). Burkhardt, F., and Smith, S. Cambridge University Press, 1985. Reproduced by permission from Cambridge University Press.
5. Darwin Correspondence Database, https://www.darwinproject.ac.uk/entry-192 accessed on Sun Jul 26 2015. The Correspondence of Charles Darwin: 1821-1836 (vol-1). Burkhardt,

F., and Smith, S. Cambridge University Press, 1985. Reproduced by permission from Cambridge University Press.

6. Keynes, R.D. ed. 2001. *Charles Darwin's Beagle Diary.* Cambridge: Cambridge University Press.
7. Keynes, R.D. ed. 2001. *Charles Darwin's Beagle Diary.* Cambridge: Cambridge University Press.
8. Darwin Correspondence Database, https://www.darwinproject.ac.uk/entry-192 accessed on Sun Jul 26 2015. The Correspondence of Charles Darwin: 1821-1836 (vol-1). Burkhardt, F., and Smith, S. Cambridge University Press, 1985. Reproduced by permission from Cambridge University Press.
9. Darwin Correspondence Database, https://www.darwinproject.ac.uk/entry-213 accessed on Sun Jul 26 2015. The Correspondence of Charles Darwin: 1821-1836 (vol-1). Burkhardt, F., and Smith, S. Cambridge University Press, 1985.
10. Darwin Correspondence Database, https://www.darwinproject.ac.uk/entry-288 accessed on Sun Jul 26 2015. The Correspondence of Charles Darwin: 1821-1836 (vol-1). Burkhardt, F., and Smith, S. Cambridge University Press, 1985. Reproduced by permission from Cambridge University Press.
11. Owen, Richard. *The Life of Richard Owen by His Grandson.* 2 vols. London: 1894.
12. Darwin, C. R. 1839. *Narrative of the surveying voyages of His Majesty's Ships Adventure and Beagle between the years 1826 and 1836, describing their examination of the southern shores of South America, and the Beagle's circumnavigation of the globe*. Journal and remarks. 1832–1836. London: Henry Colburn.
13. *The Zoology of the Voyage of H.M.S. Beagle, under the Command of Captain FitzRoy, R.N., during the Years 1832 to 1836.* Published with the approval of the Lords Commissioners of Her Majesty's Treasury. Edited and superintended by Charles Darwin, ESQ. M.A. F.R.S. Sec. G.S. Naturalist to the expedition. Part I. Fossil Mammalia: By Richard Owen, ESQ. F.R.S. Professor of Anatomy and Physiology to The Royal College of Surgeons in London; Corresponding Member of The Institute of France, etc. etc. 1839–1843.
14. 同上。
15. Keynes, R. D. ed. 2001. *Charles Darwin's Beagle Diary.* Cambridge: Cambridge University Press.(4–7 October 1833)
16. *The Zoology of the Voyage of H.M.S. Beagle, under the Command of Captain FitzRoy, R.N., during the Years 1832 to 1836.* Published with the approval of the Lords Commissioners of Her Majesty's Treasury. Edited and superintended by Charles Darwin, ESQ. M.A. F.R.S. SEC. G.S. Naturalist to the expedition. Part I. Fossil Mammalia: By Richard Owen, ESQ. F.R.S. Professor of Anatomy and Physiology to The Royal College of Surgeons In London; Corresponding Member of The Institute of France, etc. etc. 1839–1843.

17. 同上。

18. 同上。

19. 同上。

20. Prideaux, G.J., Roberts, R.G., Megirian D., Westaway, K.E., Hellstrom, J.C., et al. 2007. Mammalian responses to Pleistocene climate change in southeastern Australia. *Geology* 35:1, pp. 33–36.

第 4 章 群岛新发现

1. Darwin Correspondence Database, https://www.darwinproject.ac.uk/entry-215 accessed on Mon Jul 27 2015. The Correspondence of Charles Darwin: 1821-1836 (vol-1). Burkhardt, F., and Smith, S. Cambridge University Press, 1985. Reproduced by permission from Cambridge University Press.

2. Darwin, C. R. 1839. *Narrative of the surveying voyages of His Majesty's Ships Adventure and Beagle between the years 1826 and 1836, describing their examination of the southern shores of South America, and the Beagle's circumnavigation of the globe. Journal and remarks. 1832–1836.* London: Henry Colburn.

3. Keynes, Richard D. ed. 2001. *Charles Darwin's Beagle Diary.* Cambridge: Cambridge University Press. Page 212.

4. Darwin Correspondence Database, https://www.darwinproject.ac.uk/entry-282 accessed on Mon Jul 27 2015. The Correspondence of Charles Darwin: 1821-1836 (vol-1). Burkhardt, F., and Smith, S. Cambridge University Press, 1985.

5. 同上。

6. Darwin, C. R. 1839. *Narrative of the surveying voyages of His Majesty's Ships Adventure and Beagle between the years 1826 and 1836, describing their examination of the southern shores of South America, and the Beagle's circumnavigation of the globe. Journal and remarks. 1832–1836.* London: Henry Colburn. Page 454.

7. Darwin, C. R. 1839. *Narrative of the surveying voyages of His Majesty's Ships Adventure and Beagle between the years 1826 and 1836, describing their examination of the southern shores of South America, and the Beagle's circumnavigation of the globe. Journal and remarks. 1832-1836.* London: Henry Colburn. Page 468.

8. Keynes, Richard D. ed. 2001. *Charles Darwin's Beagle Diary.* Cambridge: Cambridge University Press. Page258.

9. Charles Darwin's Beagle animal notes (1832-33). Cambridge University Library—DAR29.1.A1-A49. Page 22.

10. Keynes, Richard D. ed. 2000. *Charles Darwin's zoology notes & specimen lists from H.M.S.*

Beagle. Cambridge: Cambridge University Press. Page237.

11. Keynes, Richard D. ed. 2000. *Charles Darwin's zoology notes & specimen lists from H.M.S. Beagle.* Cambridge: Cambridge University Press. Page328.
12. Barlow, Nora ed. 1963. Darwin's ornithological notes. *Bulletin of the British Museum (Natural History).* Historical Series Volume 2, Number 7, pages 201–278. With introduction, notes and appendix by the editor. Page 262. Reproduced by permission of the Trustees of the Natural History Museum, London.
13. Lyell, Charles. 1853. *Principles of geology, being an attempt to explain the former changes of the Earth's surface, by reference to causes now in operation,* Volume 1. London: John Murray. Page 667.
14. Darwin, C.R. *Notebook B: [Transmutation of species (1837-1838)].* Cambridge University Library—DAR121. Page 16.
15. Millien, V. 2006. Morphological evolution is accelerated among island mammals. PLoS Biology 4:e 321.
16. Roth L.V. 1992. Inferences from allometry and fossils: Dwarfing of elephants on islands. *Oxford Surveys in Evolutionary Biology.* Pages 259–288.
17. Burness, Gary P., Diamond, J., and Flannery, T. 2001. Dinosaurs, dragons, and dwarfs: The evolution of maximal body size. *Proceedings of the National Academy of Sciences U S A.* 98:25:14518–23.
18. Myers N., Mittermeier R.A., Mittermeier C.G., Fonseca G.A.B., and Kent J. 2000. Biodiversity hotspots for conservation priorities. *Nature.* 403:853–858.
19. Darwin, C.R. *Notebook B: [Transmutation of species (1837-1838)].* Cambridge University Library–DAR121. Page 15.
20. James Marchant. 1916. *Alfred Russel Wallace: Letters and Reminiscences.* New York: Harper & Brothers. Letter to Bates in 1858.
21. Darwin Correspondence Database, https://www.darwinproject.ac.uk/entry-1669 accessed on Mon Jul 27 2015. The Correspondence of Charles Darwin: 1851-1855 (vol-5). Burkhardt, F., and Smith, S. Cambridge University Press, 1990.
22. Darwin Correspondence Database, https://www.darwinproject.ac.uk/entry-1707 accessed on Mon Jul 27 2015. The Correspondence of Charles Darwin: 1851-1855 (vol-5). Burkhardt, F., and Smith, S. Cambridge University Press, 1990.
23. Darwin Correspondence Database, https://www.darwinproject.ac.uk/entry-1669 accessed on Mon Jul 27 2015. The Correspondence of Charles Darwin: 1851-1855 (vol-5). Burkhardt, F., and Smith, S. Cambridge University Press, 1990.

第 5 章 相似却又迥异

1. Darwin Correspondence Database, https://www.darwinproject.ac.uk/entry-308 accessed on Tue Jul 28 2015. The Correspondence of Charles Darwin: 1821-1836 (vol-1). Burkhardt, F., and Smith, S. Cambridge University Press, 1985.
2. Darwin Correspondence Database, https://www.darwinproject.ac.uk/entry-317 accessed on Tue Jul 28 2015. The Correspondence of Charles Darwin: 1821-1836 (vol-1). Burkhardt, F., and Smith, S. Cambridge University Press, 1985.
3. Sulloway, F.J. 1982. The *Beagle* collections of Darwin's finches (*Geospizinae*). *Bulletin of the British Museum (Natural History) Historical Series* 43:2, pages 49–94.
4. Darwin, C.R. 1839. *Narrative of the surveying voyages of His Majesty's Ships Adventure and Beagle between the years 1826 and 1836, describing their examination of the southern shores of South America, and the Beagle's circumnavigation of the globe. Journal and remarks. 1832–1836*. London: Henry Colburn.
5. Darwin, C.R. 1845. *Journal of researches into the natural history and geology of the countries visited during the voyage of H.M.S. Beagle round the world, under the Command of Capt. FitzRoy, R.N.* Second edition. London: John Murray.
6. Roca, A.L., Georgiadis, N., Pecon-Slattery, J., and O' Brien, S.J. 2001. Genetic Evidence for Two Species of Elephant in Africa. *Science* 293 (5534), pages 1473–1477. [DOI:10.1126/science.1059936].
7. Beale, Thomas. 1839. *The natural history of the sperm whale.* London: Van Voorst.
8. Mayr, Ernst. 1942. *Systematics and the origin of species from the viewpoint of a zoologist.* Cambridge: Harvard University Press.
9. Darwin Correspondence Database, https://www.darwinproject.ac.uk/entry-947 accessed on Tue Jul 28 2015. The Correspondence of Charles Darwin: 1844-1846 (vol-3). Burkhardt, F., and Smith, S. Cambridge University Press, 1988. Reproduced by permission from Cambridge University Press.
10. Darwin Correspondence Database, https://www.darwinproject.ac.uk/entry-1339 accessed on Tue Jul 28 2015. The Correspondence of Charles Darwin: 1844-1846 (vol-3). Burkhardt, F., and Smith, S. Cambridge University Press, 1988. Reproduced by permission from Cambridge University Press.
11. Darwin Correspondence Database, https://www.darwinproject.ac.uk/entry-424 accessed on Tue Jul 28 2015. The Correspondence of Charles Darwin: 1837-1843 (vol-2). Burkhardt, F., and Smith, S. Cambridge University Press, 1987. Reproduced by permission from Cambridge University Press.

第 6 章 聊胜于狗

1. Darwin, C.R. 1958. *The autobiography of Charles Darwin 1809–1882. With the original omissions restored. Edited and with appendix and notes by his grand-daughter Nora Barlow.* London: Collins. Page 232.
2. Darwin, C.R. 1958. *The autobiography of Charles Darwin 1809–1882. With the original omissions restored. Edited and with appendix and notes by his grand-daughter Nora Barlow.* London: Collins. Page 234.
3. Darwin, C.R. 1958. *The autobiography of Charles Darwin 1809–1882. With the original omissions restored. Edited and with appendix and notes by his grand-daughter Nora Barlow.* London: Collins. Page 95.
4. Litchfield, H.E. ed. 1915. *Emma Darwin, A century of family letters, 1792–1896.* Volume 2. London: John Murray.
5. Malthus, Thomas. 1798. *An Essay on the Principle of Population, as it Affects the Future Improvement of Society with Remarks on the Speculations of Mr. Godwin, M. Condorcet, and Other Writers.* London: Printed for J. Johnson, in St. Paul's Church-Yard.
6. Emslie, Steven D. and Patterson, William P. 2007. Abrupt recent shift in δ^{13}C and δ^{15}N values in Adélie penguin eggshell in Antarctica. *Proceedings of the National Academy of Sciences U S A* 104(28):11666–11669.
7. Darwin Correspondence Database, https://www.darwinproject.ac.uk/entry-2101 accessed on Tue Jul 28 2015. The Correspondence of Charles Darwin: 1856-1857 (vol-6). Burkhardt, F., and Smith, S. Cambridge University Press, 1990. Reproduced by permission from Cambridge University Press.
8. 同上。
9. Darwin Correspondence Database, https://www.darwinproject.ac.uk/entry-465 accessed on Tue Jul 28 2015. The Correspondence of Charles Darwin: 1837-1843 (vol-2). Burkhardt, F., and Smith, S. Cambridge University Press, 1987. Reproduced by permission from Cambridge University Press.

第 7 章 生命法则

1. Darwin, C.R. Notebook B: *[Transmutation of species (1837–1838)].* Cambridge University Library—DAR121. Page 229.
2. Darwin, C.R. *Notebook B: [Transmutation of species (1837–1838)].* Cambridge University Library—DAR121.
3. Darwin, C.R. *Notebook B: [Transmutation of species (1837–1838)].* Cambridge University

Library—DAR121. Page 21.

4. Darwin, C.R. *Notebook B: [Transmutation of species (1837–1838)]*. Cambridge University Library—DAR121. Page 25.
5. Kristensen, M., Knorr, M., Rasmussen, A.-M., Jespersen, J.B. 2006. Survey of permethrin and malathion resistance in human head lice populations in Denmark. *Journal of Medical Entomology.* 43(3):533–8.
6. Enattah, N.S., Sahi, T., Savilahti, E., Terwilliger, J.D., Peltonen, et al. 2002. Identification of a variant associated with adult-type hypolactasia. *Nature Genetics* 30(2):233–237.
7. Tishkoff, S.A. et al. 2007. Convergent adaptation of human lactase persistence in Africa and Europe. *Nature Genetics* 39(1):31–40.
8. Kettlewell, H.B.D. 1955. Selection experiments on industrial melanism in the Lepidoptera. *Heredity* 9:323–342. Kettlewell, H.B.D. 1956. Further selection experiments on industrial melanism in the Lepidoptera. *Heredity* 10:287–301.
9. Majerus, M.E.N. 1998. *Melanism: Evolution in Action.* Oxford: Oxford University Press.
10. Darwin, C.R. 1845. *Journal of researches into the natural history and geology of the countries visited during the voyage of H.M.S. Beagle round the world, under the Command of Capt. FitzRoy, R.N.* Second edition. London: John Murray.
11. Darwin Correspondence Database, http://www.darwinproject.ac.uk/entry-761 accessed on Wed Jul 29 2015. The Correspondence of Charles Darwin: 1844-1846 (vol-3). Burkhardt, F., and Smith, S. Cambridge University Press, 1988. Reproduced by permission from Cambridge University Press.
12. Darwin, C.R. *Shot [Notes on shooting]*. Cambridge University Library—DAR91.1.
13. Darwin Correspondence Database, http://www.darwinproject.ac.uk/entry-814 accessed on Wed Jul 29 2015. The Correspondence of Charles Darwin: 1844-1846 (vol-3). Burkhardt, F., and Smith, S. Cambridge University Press, 1988. Reproduced by permission from Cambridge University Press.
14. Darwin Correspondence Database, http://www.darwinproject.ac.uk/entry-729 accessed on Wed Jul 29 2015. The Correspondence of Charles Darwin: 1844-1846 (vol-3). Burkhardt, F., and Smith, S. Cambridge University Press, 1988. Reproduced by permission from Cambridge University Press.
15. Darwin Correspondence Database, http://www.darwinproject.ac.uk/entry-734 accessed on Wed Jul 29 2015. The Correspondence of Charles Darwin: 1844-1846 (vol-3). Burkhardt, F., and Smith, S. Cambridge University Press, 1988. Reproduced by permission from Cambridge University Press.
16. Darwin Correspondence Database, http://www.darwinproject.ac.uk/entry-793 accessed on

Wed Jul 29 2015. The Correspondence of Charles Darwin: 1844-1846 (vol-3). Burkhardt, F., and Smith, S. Cambridge University Press, 1988. Reproduced by permission from Cambridge University Press.

17. Darwin Correspondence Database, http://www.darwinproject.ac.uk/entry-828 accessed on Wed Jul 29 2015. The Correspondence of Charles Darwin: 1844-1846 (vol-3). Burkhardt, F., and Smith, S. Cambridge University Press, 1988. Reproduced by permission from Cambridge University Press.
18. Darwin Correspondence Database, http://www.darwinproject.ac.uk/entry-1174 accessed on Sat Aug 8 2015. The Correspondence of Charles Darwin: 1847-1850 (vol-4). Burkhardt, F., and Smith, S. Cambridge University Press, 1989. Reproduced by permission from Cambridge University Press.

第 8 章　公之于世

1. Darwin Correspondence Database, http://www.darwinproject.ac.uk/entry-1408 accessed on Fri Jul 31 2015. The Correspondence of Charles Darwin: 1851-1855 (vol-5). Burkhardt, F., and Smith, S. Cambridge University Press, 1990. Reproduced by permission from Cambridge University Press.
2. Darwin Correspondence Database, http://www.darwinproject.ac.uk/entry-1425 accessed on Fri Jul 31 2015. The Correspondence of Charles Darwin: 1851-1855 (vol-5). Burkhardt, F., and Smith, S. Cambridge University Press, 1990. Reproduced by permission from Cambridge University Press.
3. Darwin Correspondence Database, http://www.darwinproject.ac.uk/entry-1174 accessed on Fri Jul 31 2015. The Correspondence of Charles Darwin: 1847-1850 (vol-4). Burkhardt, F., and Smith, S. Cambridge University Press, 1989. Reproduced by permission from Cambridge University Press.
4. Darwin Correspondence Database, http://www.darwinproject.ac.uk/entry-1651 accessed on Fri Jul 31 2015. The Correspondence of Charles Darwin: 1851-1855 (vol-5). Burkhardt, F., and Smith, S. Cambridge University Press, 1990. Reproduced by permission from Cambridge University Press.
5. Darwin Correspondence Database, http://www.darwinproject.ac.uk/entry-586 accessed on Fri Jul 31 2015. The Correspondence of Charles Darwin: 1837-1843 (vol-2). Burkhardt, F., and Smith, S. Cambridge University Press, 1987. Reproduced by permission from Cambridge University Press.
6. Darwin Correspondence Database, http://www.darwinproject.ac.uk/entry-1862 accessed on Fri Jul 31 2015. The Correspondence of Charles Darwin: 1856-1857 (vol-6). Burkhardt,

F., and Smith, S. Cambridge University Press, 1990. Reproduced by permission from Cambridge University Press.

7. Darwin Correspondence Database, http://www.darwinproject.ac.uk/entry-1866 accessed on Fri Jul 31 2015. The Correspondence of Charles Darwin: 1856-1857 (vol-6). Burkhardt, F., and Smith, S. Cambridge University Press, 1990. Reproduced by permission from Cambridge University Press.
8. Wallace, Alfred Russel. 1855. On the law which has regulated the introduction of new species. *Annals and Magazine of Natural History (Ser. 2)* 16(93):184–196.
9. Darwin Correspondence Database, http://www.darwinproject.ac.uk/entry-2086 accessed on Fri Jul 31 2015. The Correspondence of Charles Darwin: 1856-1857 (vol-6). Burkhardt, F., and Smith, S. Cambridge University Press, 1990.
10. Darwin Correspondence Database, http://www.darwinproject.ac.uk/entry-2285 accessed on Fri Jul 31 2015. The Correspondence of Charles Darwin: 1858-1859 (vol-7). Burkhardt, F., and Smith, S. Cambridge University Press, 1992. Reproduced by permission from Cambridge University Press.
11. Darwin Correspondence Database, http://www.darwinproject.ac.uk/entry-2294 accessed on Fri Jul 31 2015. The Correspondence of Charles Darwin: 1858-1859 (vol-7). Burkhardt, F., and Smith, S. Cambridge University Press, 1992. Reproduced by permission from Cambridge University Press.
12. Wallace, Alfred Russel. 1905. *My Life: A Record of Events and Opinions*. London: Chapman & Hall.
13. Presidential address, *Proceedings of the Linnean Society of London*. 24 May 1859.
14. Darwin, C.R. 1871. *The descent of man, and selection in relation to sex*. First edition. London: John Murray.
15. Le Boeuf, B.J. and Mesnick, S. 1991. Sexual behavior of male northern elephant seals. 1: Lethal injuries to adult females. *Behaviour* 116(1):143–162.
16. Darwin, C.R. 1871. *The descent of man, and selection in relation to sex*. First edition. London: John Murray.
17. Jukema, J., Piersma. T. 2006. Permanent female mimics in a lekking shorebird. *Biology Letters* 2(2):161–164. DOI: 10.1098/rsbl.2005.0416.
18. Chu, K.C. 1988. Dive times and ventilation patterns of singing humpback whales (*Megaptera novaeangliae*). *Canadian Journal of Zoology* 66:1322–1327.
19. Zahavi, A. 1975. Mate selection—A selection for a handicap. *Journal of Theoretical Biology* 53(1):205–214.
20. Trivers, R.L. 1972. Parental investment and sexual selection. In B. Campbell, ed. *Sexual*

selection and the descent of man, 1871-1971. Chicago: Aldine. Pages 136–179.

第 9 章 旷世杰作

1. Darwin Correspondence Database, http://www.darwinproject.ac.uk/entry-2437 accessed on Fri Jul 31 2015. The Correspondence of Charles Darwin: 1858-1859 (vol-7). Burkhardt, F., and Smith, S. Cambridge University Press, 1992.
2. Darwin Correspondence Database, http://www.darwinproject.ac.uk/entry-2515 accessed on Fri Jul 31 2015. The Correspondence of Charles Darwin: 1858-1859 (vol-7). Burkhardt, F., and Smith, S. Cambridge University Press, 1992. Reproduced by permission from Cambridge University Press.
3. Darwin Correspondence Database, http://www.darwinproject.ac.uk/entry-2524 accessed on Fri Jul 31 2015. The Correspondence of Charles Darwin: 1858-1859 (vol-7). Burkhardt, F., and Smith, S. Cambridge University Press, 1992. Reproduced by permission from Cambridge University Press.
4. Darwin, C. R.1859. *On the origin of species by means of natural selection, or the preservation of favoured races in the struggle for life.* First edition. London: John Murray. First issue, page 84.
5. Darwin, C.R. 1859. *On the origin of species by means of natural selection, or the preservation of favoured races in the struggle for life.* First edition. London: John Murray. First issue, page 490.
6. Darwin Correspondence Database, http://www.darwinproject.ac.uk/entry-2575 accessed on Fri Jul 31 2015. The Correspondence of Charles Darwin: 1858-1859 (vol-7). Burkhardt, F., and Smith, S. Cambridge University Press, 1992. Reproduced by permission from Cambridge University Press.
7. 同上。
8. Darwin Correspondence Database, http://www.darwinproject.ac.uk/entry-8449 accessed on Fri Jul 31 2015. The Correspondence of Charles Darwin: 1872 (vol-20). Burkhardt, F., Secord, J., and The Editors of The Darwin Correspondence Project. Cambridge University Press, 2013. Reproduced by permission from Cambridge University Press.
9. Darwin, C.R. 1859. *On the origin of species by means of natural selection, or the preservation of favoured races in the struggle for life.* First edition. London: John Murray. First issue, page 464.
10. Darwin Correspondence Database, http://www.darwinproject.ac.uk/entry-3899 accessed on Fri Jul 31 2015. The Correspondence of Charles Darwin: 1863 (vol-11). Burkhardt, F. et al. Cambridge University Press, 2000. Reproduced by permission from Cambridge University

Press.

11. Woodward, Henry. 1874. New facts bearing on the inquiry concerning forms intermediate between birds and reptiles. *Quarterly Journal of the Geological Society,* 30:8–15. DOI:10.1144/GSL. JGS.1874.030.01-04.16.
12. Clack, J.A. 2006. The emergence of early tetrapods. *Palaeogeography, Palaeoclimatology, Palaeoecology,* 232(2–4). Page 167–189.
13. Ahlberg, Per Erik and Clack, Jennifer A. 2006. Palaeontology: a firm step from water to land. *Nature* 440:747–749.
14. Flower, W.H. 1883. On whales, past and present, and their probable origin. *Nature* 28:226-230. DOI:10.1038/440747a.
15. Thewissen, J.G.M., Williams, E.M., Roe, L.J., and Hussain, S.T. 2001. Skeletons of terrestrial cetaceans and the relationship of whales to artiodactyls. *Nature* 413:277–281. DOI:10.1038/35095005.
16. Gatesy, J., Hayashi, C., Cronin, M.A., Arctander, P. 1996. Evidence from milk casein genes that cetaceans are close relatives of hippopotamid artiodactyls. *Molecular Biology and Evolution*, 13(7):954–963.
17. Darwin, C.R. 1859. *On the origin of species by means of natural selection, or the preservation of favoured races in the struggle for life.* First edition. London: John Murray. First issue, page 184.
18. Darwin Correspondence Database, http://www.darwinproject.ac.uk/entry-3071 accessed on Fri Jul 31 2015. The Correspondence of Charles Darwin: 1861 (vol-9). Burkhardt, F et al. Cambridge University Press, 1994. Reproduced by permission from Cambridge University Press.

第 10 章　缺失的链环

1. Darwin, C.R. 1859. *On the origin of species by means of natural selection, or the preservation of favoured races in the struggle for life.* First edition. London: John Murray. First issue, page 488.
2. Darwin Correspondence Database, http://www.darwinproject.ac.uk/entry-2647 accessed on Fri Jul 31 2015. The Correspondence of Charles Darwin: 1860 (vol-8). Burkhardt, F. et al. Cambridge University Press, 1993. Reproduced by permission from Cambridge University Press.
3. Thomas Henry Huxley. 1863. *Evidence as to man's place in nature.* London: Williams & Norgate, 1863.
4. *Macmillan's Magazine.* October 1898.

5. Darwin Correspondence Database, http://www.darwinproject.ac.uk/entry-2852 accessed on Fri Jul 31 2015. The Correspondence of Charles Darwin: 1860 (vol-8). Burkhardt, F. et al. Cambridge University Press, 1993. Reproduced by permission from Cambridge University Press.
6. Darwin, C.R. 1871. *The descent of man, and selection in relation to sex.* Volume 1. London: John Murray. First edition, page201.
7. Darwin, C.R. 1871. *The descent of man, and selection in relation to sex.* Volume 1. London: John Murray. First edition, page 199.
8. Dart, R.A. 1959. Adventures with the Missing Link. New York: Harper and Brothers.
9. Dart, R.A. 1925. Australopithecus africanus: The man-ape of South Africa. Nature 115:195–199. DOI: 10.1038/115195a0.
10. L.S.B.Leakey. 1959. A new fossil skull from Olduvai. *Nature* 184:491–493.
11. 1ohanson, D., Lovejoy, C.O., Kimbel, W.H., White, T.D., Ward, S.C., et al. 1982. Morphology of the Pliocene partial hominid skeleton (A.L. 288-1) from the Hadar formation, Ethiopia. *American Journal of Physical Anthropology* 57(4):403–451. DOI:10.1002/ajpa.1330570403.
12. Brunet, M., Guy, F., Pilbeam, D., Mackaye, H.T., Likius, A., et al. 2002. A new hominid from the Upper Miocene of Chad, Central Africa. *Nature* 418:145–151. DOI:10.1038/nature00879.
13. Thomas Henry Huxley. 1863. *Evidence as to man's place in nature.* London: Williams & Norgate.

第 11 章　最后一块拼图

1. Darwin, C.R. 1868. *The variation of animals and plants under domestication.* Volume 2. First edition, first issue. London: John Murray. Page 2.
2. Darwin Correspondence Database, http://www.darwinproject.ac.uk/entry-1352 accessed on Fri Jul 31 2015. The Correspondence of Charles Darwin: 1847-1850 (vol-4). Burkhardt, F., and Smith, S. Cambridge University Press, 1989. Reproduced by permission from Cambridge University Press.
3. Darwin Correspondence Database, http://www.darwinproject.ac.uk/entry-1476 accessed on Fri Jul 31 2015. The Correspondence of Charles Darwin: 1851-1855 (vol-5). Burkhardt, F., and Smith, S. Cambridge University Press, 1990. Reproduced by permission from Cambridge University Press.
4. Jenkin, F. 1867. On the origin of species. Review. *The North British Review* 46:277–318.
5. 同上。

6. Mendel, Gregor. Experiments in Plant Hybridization. Paper read at meetings of the Brünn Natural History Society, February 8 and March 8, 1865. 1866. Versuche über Pflanzenhybriden. *Verhandlungen des naturforschenden Vereines in Brünn, Bd. IV für das Jahr 1865, Abhandlungen 3–47.* Translated by William Bateson in 1902.
7. Haldane, J.B.S. 1963. *Journal of Genetics*, 58(3) (December 1963), page 457.
8. Haldane, J.B.S. 1963. *Journal of Genetics*, 58(3) (December 1963), page 464.
9. Delisle, I. and Strobeck, C. 2005. A phylogeny of the Caniformia (order Carnivora) based on 12 complete protein-coding mitochondrial genes. *Molecular Phylogenetics and Evolution* 37:192-201.

第 12 章　从兰花到虎鲸

1. Darwin Correspondence Database, http://www.darwinproject.ac.uk/entry-4004 accessed on Fri Jul 31 2015. The Correspondence of Charles Darwin: 1863 (vol-11). Burkhardt, F et al. Cambridge University Press, 2000. Reproduced by permission from Cambridge University Press.
2. Darwin Correspondence Database, http://www.darwinproject.ac.uk/entry-3356 accessed on Fri Jul 31 2015. The Correspondence of Charles Darwin: 1862 (vol-10). Burkhardt, F. et al. Cambridge: Cambridge University Press, 1997. Reproduced by permission from Cambridge University Press.
3. Darwin Correspondence Database, http://www.darwinproject.ac.uk/entry-3411 accessed on Fri Jul 31 2015. The Correspondence of Charles Darwin: 1862 (vol-10). Burkhardt, F. et al. Cambridge: Cambridge University Press, 1997. Reproduced by permission from Cambridge University Press.
4. Wallace, A.R. 1895. *Natural selection and tropical nature: Essays on descriptive and theoretical biology.* London: Macmillan.
5. Muchhala, N. 2006. Nectar bat stows huge tongue in rib cage. *Nature* 444:701–702.
6. O'Brien, S.J. et al. 1985. Genetic basis for species vulnerability in the cheetah. *Science* 227(4693):1428–1434. DOI: 10.1126/science.2983425.
7. Menotti-Raymond, M.A and O'Brien, S.J. 1993. Dating the genetic bottleneck of the African cheetah. *Proceedings of the National Academy of Sciences U S A* 90:3172–3176.
8. Ritland, K., Newton, C., Marshall, H.D. 2001. Inheritance and population structure of the white-phased "Kermode" black bear. *Current Biology* 11(18):1468–1472.
9. Hoelzel, R.A. and Dover, G.A. 1991. Genetic differentiation between sympatric killer whale populations. *Heredity* 66:191–195. DOI:10.1038/hdy.1991.24.
10. Byrne, K. and Nichols, R.A. 1999. *Culex pipiens* in London Underground tunnels:

differentiation between surface and subterranean populations. *Heredity* 82:7–15.

11. Gentile, G., et al. 2009. An overlooked pink species of land iguana in the Galápagos. *Proceedings of the National Academy of Sciences U S A*. DOI: 10.1073/pnas.0806339106.

第 13 章　进化与宗教

1. Darrow, Clarence and William J. Bryan. The World's Most Famous Court Trial. Tennessee Evolution Case. A Complete Stenographic Report of the Famous Court Test of the Anti-Evolution Act, at Dayton July 10 to 21, 1925, Including Speeches and Arguments of Attorneys. Originally published: Cincinnati: National Book Company, [1925]. Reprinted 1997, 2010 by The Lawbook Exchange, Ltd. Excerpts of testimonials from the trial can also be found on http://www.law.umkc.edu/faculty/projects/FTrials/scopes/scopes.htm.
2. Epperson v. Arkansas 393 U.S. 97 (1968). U.S. Supreme Court ruling. November 12, 1968.
3. Edwards v. Aguillard 482 U.S. 578 (1987). U.S. Supreme Court ruling. June 19, 1987.
4. Kitzmiller v. Dover Area School District. 2005. U.S. District Court for the Middle District of Pennsylvania. Docket number 4cv2688.
5. Miller, J.D., Scott, E.C., and Okamoto, S. 2006. Public acceptance of evolution. *Science* 313(5788):765–766. DOI:10.1126/science.1126746.
6. Committee on Culture, Science and Education, Parliamentary Assembly of the Council of Europe. 2007. The dangers of creationism in education. (Resolution 1580: October 4, 2007.
7. Blancke, Stefaan, Hjermitslev, Hans Henrik, and Kjærgaard, Peter C. eds. 2014. *Creationism in Europe.* Baltimore: Johns Hopkins University Press.
8. Darwin, C.R. 1958. *The autobiography of Charles Darwin 1809–1882. With the original omissions restored. Edited and with appendix and notes by his grand-daughter Nora Barlow.* London: Collins. Page 85.
9. Darwin, C.R. 1958. *The autobiography of Charles Darwin 1809–1882. With the original omissions restored. Edited and with appendix and notes by his grand-daughter Nora Barlow.* London: Collins. Page 87.
10. Darwin Correspondence Database, http://www.darwinproject.ac.uk/entry-2855 accessed on Sat Aug 8 2015. The Correspondence of Charles Darwin: 1860 (vol-8). Burkhardt, F. et al. Cambridge University Press, 1993. Reproduced by permission from Cambridge University Press.
11. Darwin Correspondence Database, http://www.darwinproject.ac.uk/entry-2814 accessed on Sat Aug 8 2015. The Correspondence of Charles Darwin: 1860 (vol-8). Burkhardt, F. et al. Cambridge University Press, 1993. Reproduced by permission from Cambridge University Press.

12. Darwin Correspondence Database, http://www.darwinproject.ac.uk/entry-761 accessed on Fri Aug 7 2015. The Correspondence of Charles Darwin: 1844-1846 (vol-3). Burkhardt, F., and Smith, S. Cambridge University Press, 1988. Reproduced by permission from Cambridge University Press.
13. Darwin, C.R. 1958. *The autobiography of Charles Darwin 1809–1882. With the original omissions restored. Edited and with appendix and notes by his grand-daughter Nora Barlow.* London: Collins. Pages 140–145.
14. Darwin Correspondence Database, http://www.darwinproject.ac.uk/entry-13682 accessed on Sat Aug 8 2015.
15. Darwin, Francis ed. 1887. *The life and letters of Charles Darwin, including an autobiographical chapter.* Volume 3. London: John Murray. Page 358.
16. Darwin, C.R. 1871. *The descent of man, and selection in relation to sex.* Volume 1, first edition. London: John Murray. Page 3.

图片来源

中文版图片经由作者本人授权及图片公司供图（以下数字为本书图片所在页码）

维基共享 (Wikimedia Common)
1, 3, 6, 7, 16, 19, 22, 39, 41, 46—47, 52, 56, 59, 63, 66, 68, 71, 73, 77, 85, 98, 105, 110, 111, 113, 118, 123, 127, 130, 134, 138, 140, 151, 155, 159, 161, 169, 172, 174, 179, 184, 190, 191, 194, 196, 200, 205, 213, 216, 217, 225, 230, 234, 239, 245, 248, 249, 257, 265, 268

欢迎收藏（Welcome Collection）
23, 27, 30—31, 32, 43, 45, 51, 81, 82, 95, 134, 136, 137, 144—145, 149, 152, 156—157, 165, 171, 187, 208, 209, 221, 231, 284, 285

全景视觉
53, 93, 96, 101, 153, 250, 262, 276, 283

视觉中国
9, 14, 25, 69, 90, 154, 164, 181, 247, 269

剑桥大学图书馆
18, 38, 61, 84, 103, 125, 150, 177, 203, 224, 243, 263

萨拉·达尔文
XVII

雅各布·劳特鲁普（Jakob Lautrup）
34

伯格·施密茨（Birger Schmitz）
36

丹麦之花（Flora Danica）
116

格伦·汉布尔（Glen Humble）
120

皮埃尔·约瑟夫·雷杜德
232

塞缪尔·斯特拉格（Samuel Strager）
254

汉娜·斯特拉格
260

歆竹
287